PPP 模式

李文芳　著

投资风险的分担与处理机制

PPP MOSHI
TOUZI FENGXIAN DE
FENDAN YU CHULI JIZHI

SPM 南方传媒

全国优秀出版社
全国百佳图书出版单位

广东教育出版社

·广 州·

图书在版编目（CIP）数据

PPP模式投资风险的分担与处理机制 / 李文芳著.
广州：广东教育出版社，2024.12（2025.5重印）.
ISBN 978-7-5548-6817-1

Ⅰ. F832.6

中国国家版本馆 CIP 数据核字第 2024XS3483 号

PPP模式投资风险的分担与处理机制
PPP MOSHI TOUZI FENGXIAN DE FENDAN YU CHULI JIZHI

出 版 人：朱文清
策划编辑：周　莉
责任编辑：陈　林
责任技编：杨启承　刘思琴
装帧设计：陈铎润

出　　版：广东教育出版社
　　　　　（广州市环市东路472号12-15楼　邮政编码：510075）
销售热线：020-87610579
网　　址：http://www.gjs.cn
邮　　箱：gjs-quality@nfcb.com.cn
发　　行：广东新华发行集团股份有限公司
印　　刷：广州小明数码印刷有限公司
　　　　　（广州市天河区高普路83号B栋C5号）
规　　格：787 mm×1092 mm　1/16
印　　张：12.5
字　　数：250千
版　　次：2024年12月第1版
　　　　　2025年5月第2次印刷
定　　价：59.00元

前　言

2022年底，财政部为贯彻落实党中央、国务院决策部署，向全国各省、自治区、直辖市、计划单列市财政厅（局），新疆生产建设兵团财政局等发出《关于进一步推动政府和社会资本合作（PPP）规范发展、阳光运行的通知》，通知要求地方财政部门要充分认识推动PPP规范发展、阳光运行的重要意义，加强组织保障，压实各方责任，完善工作机制，强化工作协同，持续推动PPP项目规范运作，不断提升项目管理水平和信息质量，助力扩大有效投资、提升公共服务质效。

作为一种有效吸引私人资金和技术的创新性模式，PPP模式在我国基础设施建设领域中受到人们的关注和欢迎，民营资本的介入可以在很大程度上降低项目建设及运营的成本并提高项目的效率。但是，PPP项目的长期性和不完备契约性的特点使其面临着比传统投资模式更复杂的风险。在此背景下，如何降低PPP项目的风险，实现风险的合理分担成为本书的写作主题和研究重点。

本书以PPP模式为研究对象，针对其中的运营分险、市场风险、违约风险、政策风险等四类风险展开研究。本书分析我国PPP项目所面临的风险因素、类型、应对原则等基本内容，剖析了PPP项目的风险的识别、评估、处置以深入研究风险管理的逻辑和理论，通过研究国内成功和失败的实践案例，分析对比国外经验，为我国PPP项目的风险分担、风险管理与争议解决提供法律对策与理论支持。

本书的写作过程是一个充满荆棘与快乐的过程，从开题到文章的完成，每走一步对我来说都是新的尝试与挑战，在这艰辛的过程中，我的指导老师孙南申教授给予我如慈父般的诸多启示和帮助。本书是在孙老师的亲切关怀与细心指导下完成的，从课题的选择、文章的布局到最终完稿，孙老师始终都给予了细心的指导和不懈的支持与帮助。

此外，要由衷地感谢广东教育出版社的编辑老师们对本书出版所付出的辛勤劳动，包括但不限于周莉老师、李霞老师、陈林老师、屈婷婷老师等都对本书的成稿提出了宝贵的建议，在此无法一一言谢。

最后感谢我的父母和家人，正是有他们的无私付出，无尽的爱和包容，我才能一路坚持心无旁贷。

知易行难，PPP模式的参与者众多，涉及的问题繁杂，本书作为学术学习过程中的阶段性成果，书中一些观点难免存在疏漏，还望读者海涵。

李文芳

2024年8月

目 录
CONTENTS

绪 论

一、PPP行业发展综述

英文Public and Private Partnership简称为PPP模式，因其能解决融资方面的问题而被各个国家所采纳。PPP模式可以为地方政府和社会资本双方带来较大收益，一方面PPP模式使社会公共服务投资多元化，能解决基础建设的融资问题，有效缓解地方政府财政压力，另一方面通过有效项目决策和投标管理的PPP项目可以促进社会资本加速流动，激活市场动力，促使社会资产在全生命周期内得到更高效的利用。

2014年，中国全面推行PPP改革后，PPP市场呈快速发展之势，PPP项目已经涵盖市政工程、养老、教育、交通、医疗、垃圾处理、环保等十几个领域。2020年1月，我国财政部政府和社会资本合作（PPP）综合信息平台项目管理库报告显示，截至2020年1月，新入库项目42个、投资额378亿元；地方退库项目23个、投资额275亿元；净入库项目19个、投资额118亿元；落地项目80个、投资额1 579亿元；开工项目52个、投资额759亿元。我国自2014年以来，PPP累计入库项目9 459个、投资额14.4万亿元；累计落地项目6 410个、投资额10万亿元，落地率67.8%；累计开工项目3 760个、投资额5.7万亿元，开工率58.7%。[1]PPP是地方政府、市场、公众互动共治的公共服务供给管理模式，已成为地方政府稳增长、促改革、调结构、控风险、惠民生的重要抓手，甚至成为社会治理模式创新、提质、增效的新引擎。

PPP投资模式作为公共部门通过与私人部门建立伙伴关系提供公共产品或服务的一种方式，在我国基础设施建设领域中越来越受到人们的关注和欢迎，民营资本的介入不仅解决了本该完全由地方政府部门负责的基础设施建设的资金短缺问题，而且可以在很大限度上降低项目建设及运营的成本，提高项目的效率。

但由于PPP项目的工程量和投资额巨大，而风险问题直接影响PPP项目收益，直接影响项目的成败，因此PPP模式项目风险是地方政府和社会资本在PPP投资合作中必须要面对和解决的问题。如何降低PPP模式中公私合营项目的风险，如何有效管

---

[1] 中华人民共和国财政部，全国PPP综合信息平台项目管理库2020年1月报［EB/OL］．（2020-03-30）［2022-09-03］http://jrs.mof.gov.cn/zhuanti2019/ppp/gzdtppp/202003/t20200330_3490442.htm．

理风险并通过私营部门参与公共项目的建设,确保私营部门获得合理的利润,吸引私营部门积极参与公共项目的建设,实现总体效益的优化,是中央和地方各级政府在实施PPP项目过程中亟待解决的重要问题。

本书以PPP模式为研究对象,针对其中投资风险的一系列法律问题展开研究,分析我国PPP项目所面临的风险因素、类型、应对原则等基本内容,基于国内外成功和失败的实践案例,分析对比先进经验,并归纳出PPP模式项目风险与处理机制,为我国PPP项目的风险分担、风险管理和争议解决提供法律对策与理论支持。

本书将从PPP模式的运行规则和原理入手,揭示目前国内PPP项目的潜在风险,并对我国PPP模式的成功和失败案例进行剖析,结合英美等国家的PPP模式的立法规制、立法体系和法律文本、实践经验等,探究PPP项目运行背后的制度设计机理,以期从经济法的角度对我国的PPP投资模式风险防范相关法律制度的构建提供合理的建议。

二、国内外相关研究情况

(一)国内研究综述

目前,国内学者主要从不同维度对PPP模式运行中的法律问题进行研究,但针对PPP投资模式风险监管和风险分担的专门研究成果多集中在以下方面。

第一,根据PPP模式运行的特点,研究PPP模式在不同领域中的制度、PPP模式中参与主体的法律角色定位和权利义务关系。

李亢在《PPP的法律规制:以基础设施特许经营为中心》一书中系统阐释了PPP领域的基本立法思路,多角度详细分析了我国PPP立法的现状及存在问题,围绕理论和实务中争议较大、空白较多的问题进行证成和探究,对特许经营范畴界定、特许经营与PPP的逻辑关系、特许经营合同的法律属性、特许经营争议解决机制,以及特许经营监管体制设计等热点、难点问题作出分析和评价,以期正本清源、厘清思路、支撑立法及推动实践。[①]该书引述的材料和案例都具有相当的权威性,但是局限于基础设施领域的特许经营法律规制研究,并且偏重于强调地方政府推行特许

---

① 李亢. PPP的法律规制:以基础设施特许经营为中心 [M].北京:法律出版社,2017:2-6.

经营的行政机关角色和动机，对于时下强调市场机制下的PPP参与主体地位和法律关系等问题着墨不多。

侍苏盼从商业银行角度出发，分析了PPP模式的特征，指出相对于传统项目融资而言，PPP项目融资的参与对象比较复杂，除了地方政府外还包含项目企业和社会资本方等，实施时间较长并且筹集资金额度较大，必定会产生潜在风险，商业银行应重点关注PPP项目融资模式中蕴含的法律风险，做好合同拟定、融资保障等风险防控。[①]

石贤平指出，在PPP项目的交易中，地方政府不仅要履行作为平等主体的合同义务，还要监督整个PPP过程。由于地方政府权力界限界定不明确，地方政府交易和监督角色的作用是相互冲突的。在多中心治理理论的指导下，有必要监督和制约地方政府权力，保护社会资本。为了平衡地方政府的双重角色，实现PPP项目中地方政府与市场关系的合理化和制度化，应从保护公众利益的角度建立统一的PPP法律体系。[②]

仇晓光、杨硕认为，在注重共赢和履约能力的PPP模式具体实施过程中，不仅能够将每个参与方的优势融合，同时还可以充分调动市场资源。虽然在PPP项目实施前签订的合同中对参与各方的权利和义务作了明确约定，但各合作方不可能考虑到所有的不确定性因素，降低风险。实践中地方政府方存在没有明确的定位、对风险的理解有失偏颇、法律救济途径不明等问题，阻碍了中国PPP模式的发展。因此应当对合作协议进行科学的调查，同时根据相关法律制定相关的法规，以确保合同目标的实现。[③]

胡改蓉指出，在PPP项目里，地方政府方和社会资本方实质上是相互协作的关系，制度设计者希冀通过利益共享、风险共担来实现二者间的互助共赢。在实践中公私合作模式存在着公共利益和私人利益冲突与博弈问题。在法律层面上，二者利

[①] 侍苏盼. 商业银行参与PPP项目融资法律风险防控研究［J］. 金融理论与实践，2016（6）：64-67.

[②] 石贤平. PPP模式中政府交易角色与监管角色冲突的法律平衡［J］. 商业研究，2015（12）：185-192.

[③] 仇晓光，杨硕. 政府和社会资本合作（PPP）中风险转移的法律实现研究［J］. 西南民族大学学报（人文社科版），2016，37（8）：87-94.

益的协调必须跳出公法与私法的二元模式，而私法的强化容易导致公共利益的弱化，而对公法的偏好又不能调动社会资本参与公共设施建设和公共服务的积极性。因此，合理的PPP模式法律制度设计应注意在特许经营协议的制定与修订、风险分担、责任承担以及权利分配过程中考虑公共利益因素，同时应根据投资回报率、市场需求的适度保障和价格的合理确定等公平设置利益分担机制，充分尊重和保护社会资本的利益。①

以柯永建和亓霞为代表的相关学者选取了我国PPP项目中十六个没有成功的事例进行整理分析，对PPP项目没有成功的原因、本质联系和规律进行了概括，同时对PPP模式投资风险管控提供了相应的意见。②曲延芬认为，市场风险对社会造成一定影响，随着PPP项目风险的增加，地方政府倾向于向社会资本转移控制权来达到转移市场风险的目的。③还有较多学者认为，在项目中风险分担要合理，地方政府部门主要承担法律法规以及社会政策变化引起的风险，项目建设的风险由社会资本承担，这样根据各方优势承担相应的风险，既可以有力承担风险，又可以有效规避风险，达到风险相对合理平衡。

第二，从宏观、立法技术和法律适用层面对PPP立法进行研究。

丁保河的《中国PPP立法研究》是国内最早对PPP立法进行整体性、综合性和系统性研究的著作之一，全书分三块进行论述：一是对世界范围内PPP模式的基本理论及PPP实践的历史演进进行系统梳理；二是按照PPP模式实践操作的不同阶段，对立法的具体内容进行规范性阐述；三是借鉴国外PPP立法实践，结合我国实际情况，提出PPP立法的具体建议。④该书对PPP模式的法律规制问题的研究侧重于制度设计的理论分析和立法技术的讨论，而疏于分析现有制度在实践过程呈现的问题，也未在此基础上提出指导性和操作性更强的法律规范。

谭静等人编著的《国内PPP立法分析》着眼于PPP项目运行中的主要过程，对立

---

① 胡改蓉. PPP模式中公私利益的冲突与协调［J］.法学，2015（11）：30-40.

② 亓霞，柯永建，王守清. 基于案例的中国PPP项目的主要风险因素分析［J］.中国软科学，2009（5）：107-113.

③ 曲延芬. 经营性PPP项目中的市场风险与收益分配［J］.鲁东大学学报（哲学社会科学版），2017，34（5）：66-70.

④ 丁保河. 中国PPP立法研究［J］.北京：法律出版社，2016：1-15.

项、采购、用地、融资与再融资、设立项目公司、建设运营移交、资产管理、税收等重点环节和问题进行法律法规分析，并结合案例实践和法律分析，对我国 PPP立法提出具体建议。①但其对一些PPP模式运行中出现的共性问题，如风险分担、收益分配等涉及较少，并且主要涉及的是宏观层面的制度研究，对于PPP模式的具体操作层面，如价格形成机制等微观制度引导尚未做相关研究。

王朝才等人认为，目前我国PPP法律等级较低，现有政策文件对PPP项目的构成要素没有完整、准确的界定。一些法律法规还存在政策体系不完善、操作性差、执行难等问题。因此，PPP模式的变相融资项目已经在实践中出现。明股实债、保底承诺和回购安排的项目也日益增多。②其文章指出了PPP模式运行中出现的问题和现象，但对问题本质和背后的机理少有触及。

宋樊君、温来成认为，PPP投资模式的合同关系非常复杂，资金投入巨大、运营周期长以及地方政府换届产生的政策变动影响了市场的稳定性，导致地方政府和社会资本都面临较大风险，因此需要一套规范、完整的PPP法律体系对各方的合理合法权益进行保障。③部分学者如刘新平、王守清则认为风险控制力和收益大小与风险所承担程度的大小成正比。④除此之外，还有学者提出PPP项目风险的分担在遵循基本分担原则的基础上，需要根据双方的态度和项目具体条件来决定。⑤

PPP模式运行是一个连续的过程，运行中任何一个阶段都不能脱离风险防范而独立存在，因此探索具有普适性、系统性、可操作性的PPP项目风险分担机制，也不能仅仅停留在PPP模式运行中的某一阶段或某一领域。以上论述对PPP市场风险的观点相对分散，风险分担原则理论在实践中如何实施，PPP投资模式的市场风险到底为何产生，其具体因素是什么，又该如何去进行合理分担与防范，各主体如何在承担相应合同责任的基础上享有项目利益收成，这些问题尚需做进一步探讨。因此，本书将以国内PPP模式为研究对象，从宏观指导思路和微观操作两个层面进行

---

① 谭静，翟盼盼. 国内PPP立法分析［J］. 北京：中国财政经济出版社，2017：3-19.

② 王朝才，张学诞，程瑜. PPP的法律适用问题［J］. 经济研究参考，2016（18）：11-12.

③ 宋樊君，温来成. 我国PPP法律制度建设的现状、问题及对策［J］. 税收经济研究，2017，22（01）：87-95.

④ 刘新平，王守清. 试论PPP项目的风险分配原则和框架［J］. 建筑经济，2006（2）：59-63.

⑤ 张水波，何伯森. 工程项目合同双方风险分担问题的探讨［J］. 天津大学学报（社会科学版），2003（3）：257-261.

深入分析，结合案例分析，力求建立合理的PPP风险分担机制，推进PPP模式运行的稳定发展。

（二）国外研究综述

国外学者对PPP的研究较国内学者更为深入，对PPP的解读与国内普遍的解读存在差异，对PPP的私人部门存在不同的认识。目前在对PPP风险识别的研究领域内，主要是将PPP项目风险划分为技术风险、运营风险、不可抗力风险等九大类。目前被引用最多的一种项目风险分类方法是由Bing L等提出的，即将风险分为宏观层面风险、中观层面风险、微观层面风险三类。宏观方面的潜在风险包含社会、经济及不可抗因素等；中观层面的潜在风险主要包含项目前期的规划、资金筹集，以及实施阶段到项目完成期间其内部存在的不确定性因素；微观层面的潜在风险主要包括合作双方的关系及第三方引起的不确定性因素。[①]

Akintola Akintoye和Matthias Beck认为经济发展和社会福利依赖于有效和高效的基础设施系统，特别是在卫生、能源、交通和水利方面，其中许多是通过公私伙伴关系（PPP）开发和管理的。[②]其文章用全球化的视角探讨PPP在运行中涉及的多方面问题，介绍了英国、南非、香港等国家和地区PPP运行的特点，围绕公私合作伙伴关系研究国家政治和制度对PPP运行的影响，采用跨学科的角度分析研究一系列的具体问题，并对项目融资、项目风险和价值管理、支付机制、特许协议期限等进行了细致的剖析，提出发展中国家的公私合作伙伴关系可以借鉴上述经验，创新公私合作伙伴关系的项目采购方式，提高地方政府和企业互动，通过制度和组织方法促进公私合作伙伴关系的顺利进行。

Carlos Oliveira Cruz和Rui Cunha Marques主要探讨了弹性合同的概念，并为有效的合同管理制定了一个总体框架，同时对当前PPP项目的重新谈判模式、项目风险进行了全面的分析，对提高项目合同的执行水平以及整体的基础设施管理和社会福

① BING L，AKINTOYE A，EDWARDS P J，et al. The Allocation of Risk in PPP/PFI Construction Projects in the UK［J］. International Journal of Project Management，2004，23（1）：25-35.

② AKINTLLA A，MATTIAS B. Policy，Finance & Management for Public-Private Partnerships［M］. New Jersey：Blackwell，2009：257-313.

利提出了独特的见解。①

有学者认为PPP模式运行应坚持以公益性、合作性为前提，以合作伙伴的能力为基础，合理分配资源，做好风险分担和收益共享机制。Sergiu Cornea和Valentina Cornea通过研究分析提出了新型伙伴关系，以解决公共管理难以处置有限资源的问题。

另外，Lessard和Miller调查了世界范围内60个大型PPP项目的风险状况后发现，市场风险被认为是最大的风险。②Rutgers和Haley提出风险应该由更能管理好该风险的合同一方承担。③

上述文献显示国外对PPP模式的研究主要集中在理论方面，强调在治理公共事务时由地方政府、公民个人和社会资本三方共担责任、共享权利，一起参与治理，使各方收益更大。

三、PPP模式研究的重点问题

近年来，PPP模式作为一种有效吸引私人资金和技术的创新性模式在我国基础设施建设领域中越来越受到人们的关注和欢迎，民营资本的介入不仅解决了本该完全由地方政府部门负责的基础设施建设中的资金短缺问题，而且可以在很大限度上降低项目建设及运营的成本并提高项目建设的效率。但是，PPP项目的长期性和不完备契约性使其面临着比传统模式更多、更复杂的风险。因此，如何降低PPP项目风险，实现风险的科学合理分担，是本书的研究重点。

PPP项目运作流程非常复杂，涉及地税、土地、保险等多部门、多方面的内容，涉及的部门法也很多，由此产生的法律风险也很高。本书以PPP模式为研究对象，针对其中的运营风险、市场风险、违约风险、政策风险等四类风险展开研究。同时，分析我国PPP项目所面临的风险因素、类型、应对原则等基本内容，剖析PPP

① CRUZ C O, MARQUES R C.Infrastructure Public-Private Partnerships ［M］. New York: Springer, 2013: 1–5.

② LESSARD D, MILLER R. Understanding and managing risks in large engineering projects ［J］. International Journal of Project Management, 2001（19）: 437–443.

③ RUTGER J A, HALEY H D.Project risks and risk allocation ［J］. Cost Engineering, 1996（9）: 27–30.

项目风险的识别、评估、处置，深入研究风险管理的逻辑和理论。通过研究国内外成功和失败的实践案例，分析对比先进经验，为我国PPP项目的风险分担、风险管理与争议解决提供法律对策与理论支持。我国学术界研究PPP模式的历史较短，在PPP项目风险分担方面尚未有公认的比较成熟的模型或准则，大部分关于PPP项目风险的学术研究仍是在管理学、经济学等学科范畴，目前的经济法学术领域鲜少针对PPP项目风险分担机制的系统研究。因此，从经济法的角度出发，实现风险在项目合同各方之间的合理分担，实现物有所值目标，构建符合我国国情的PPP项目风险分担机制是本书的重点。

四、研究方法

本书将以目前国内外的PPP项目运行情况及其立法情况以及与PPP相关的法律规制理论研究为基础，通过文献研读、个案研究、比较分析，指出我国现行PPP模式在运作、风险管理及相关法规实施中存在的问题，并通过研究PPP模式运行中的风险类型、风险因素、风险分担的法律问题，探索出适合我国PPP模式的风险防范与处理的途径和机制的路径。本书主要采用的研究方法如下。

（1）定性分析法。通过对PPP模式参与各方的法律关系进行分析和归纳，综合概括PPP模式运行中各环节涉及的主要风险问题，探索PPP项目风险分担机制研究的重点和难点。

（2）比较分析法。包括基本概念的比较分析，中外PPP模式法律规制、PPP风险的类型及应对措施的比较分析，以期汲取众长，探索符合中国国情和PPP发展模式的风险规制途径。

（3）案例分析法。对PPP模式的价值、参与主体和运行中的风险进行案例分析，有助于发现问题，推进理论研究的深入与完善，促进学界关于PPP模式的理论共识与PPP理论体系的形成。

五、思路和结构

本书研究内容分为以下五个部分：第一部分（绪论）为本书选题、思路、结构和研究方法的介绍，第二部分（第一章）为PPP模式的概念、特征等问题的分析，第三部分（第二章）主要分析PPP模式项目风险的类型、分担与处理原则，第四部分（第三章至第六章）分别讨论PPP模式实际操作中四种常见的风险类型、分担机制及处理原则分析，第五部分（结论）为研究结论和展望。研究的基本思路如下：

（一）基本概述

对选题的目的及原因展开全面阐述，对国内外的相关研究成果进行概括，对本书所采用的研究方法以及重点问题、思路、结构和创新之处进行说明。

（二）关于PPP模式的基本理论分析

重点分析PPP项目的含义界定及其功能、PPP项目参与主体的法律关系以及从经济法角度分析PPP模式在市场机制中的地位。一方面通过PPP的界定、制度目标、理论基础和公共性研究，深入剖析PPP项目的性质特征；另一方面为探讨和研究PPP项目的风险管理和风险分担提供理论基础。

（三）对PPP模式的风险类型、分担与处理一般原则的研究

本书通过剖析PPP模式的投资风险因素，论述了其潜在威胁的识别、评估、处置，以深入研究风险管理的逻辑和理论，揭示了PPP项目提供公共设施或服务的效率和总成本与风险分担的关系——只有达到合理风险分担时，才能实现效率最高和总成本最低，因此建构PPP项目风险分担的机制和原则是风险分担研究的难点，也是本书研究的重点。

（四）从我国的立法层面对PPP模式的项目风险进行剖析

对PPP项目运营中的风险进行理论分析，并从运营风险的角度对相关案例实践进行研究，结合域外经验的概览和分析，指出我国现行相关制度的局限性，探寻PPP项目运营中风险分担的合理边界，并最终提出构建符合PPP运行规律并被各方认可的风险分配制度和防范措施。

（五）PPP项目风险因素由全部参与方进行分担的制度分析

通常在PPP项目实施的过程中会出现各种潜在的风险因素，比如激烈的市场竞

争、经济环境以及供求关系的改变等。本部分重点从PPP项目公司（SPV）角度分析PPP项目面临的主要市场风险，分析PPP项目各参与主体的喜好和风险控制能力，提出构建符合PPP运行规律和PPP项目目标的市场风险分担与归责机制。

（六）PPP项目违约风险的归责与救济机制

重点从地方政府信用角度分析违约风险，分为地方政府不履行合同约定义务的违约风险和地方政府因收费改革等问题产生的违约风险等。通过案例研究指出，如果地方政府没有严格按照合同规定承担相应的职责，将给项目的正常运营造成严重的影响。对此，违约风险分担机制设计将侧重于合同条款中风险分担内容研究，并讨论违约风险引起的争端的解决手段。

（七）PPP项目政策风险机制研究

地方政府颁布、修订或者重新对政策、法律法规进行司法解释会导致项目的合法性、市场需求、产品（服务）收费、合同协议的有效性等元素发生变化，导致合作项目的正常建设和运营遭受损失，甚至直接导致项目暂停或终止。PPP项目政策风险控制力优势一方是地方政府，本部分将结合案例，重点从保护社会资本的角度出发研究PPP项目政策风险分担机制。

（八）结论与展望

总结和分析PPP项目的主要风险种类和机制，设计合理的风险规避和责任分配机制，为PPP模式项目风险法律制度研究提供新的视角和法律思考。

综上，PPP投资模式作为一种新兴模式引进我国后，国内地方政府与社会资本缺乏成熟的运营管理经验，且PPP项目本身具有运营周期长、投资额巨大、风险系数高等特点，如何识别PPP市场项目风险将是解决PPP模式运营中风险问题的第一步。本书以PPP模式项目风险分担与处理机制研究为视角，分析我国PPP项目所面临的风险因素、类型、应对原则等内容，通过国内外成功与失败的实践案例，分析并归纳出PPP模式项目风险与处理机制，为我国PPP项目的风险分担、风险管理与争议解决提供对策与理论支持。

本书通过市场环境的背景和相关法律法规内容的分析，首先从PPP模式的基本理论及其法律关系入手，界定PPP项目的定义及其功能，明确PPP项目参与主体的法律地位，从经济法角度分析PPP模式在市场机制中的地位，为探讨和研究PPP项目的风险管理和风险分担提供理论基础。然后对PPP项目的风险进行系统分析，重点剖析PPP项目的风险识别、评估、处置和风险管理的原则，揭示PPP项目提供公共设施或服务的效率和总成本与风险分担的关系，同时通过案例分析、文献比较等方法对我国PPP模式中最主要的投资风险，即运营风险、市场风险、违约风险、政策风险进行法律分析，探讨PPP模式投资风险相应的风险分担和防范机制，并提供相关应对措施，为PPP项目的整体运营提供法律分析的理论支持。

PPP模式"风险共担，利益共享"的合作机制有助于缓解地方政府资金压力，私营部门的先进技术及丰富的运营经验对公共服务的效率提升有着很大的促进作用。然而，PPP模式面临的风险比一般项目更多、更复杂。目前PPP模式项目风险分担亟待解决的问题有：如何识别PPP所面临的风险，如何确定风险的承担方，风险应该如何分配，对风险应如何进行管理、规避与处理等。本书尝试从理论及实证两个角度，针对PPP模式中的项目风险及其产生原因，结合实际案例进行法律分析，以期找出规避PPP模式项目中主要风险的有效措施，并借鉴PPP发展较为成熟的国家或地区的经验，提出符合我国国情的对策建议，为更好地在我国推广PPP模式提供新思路。

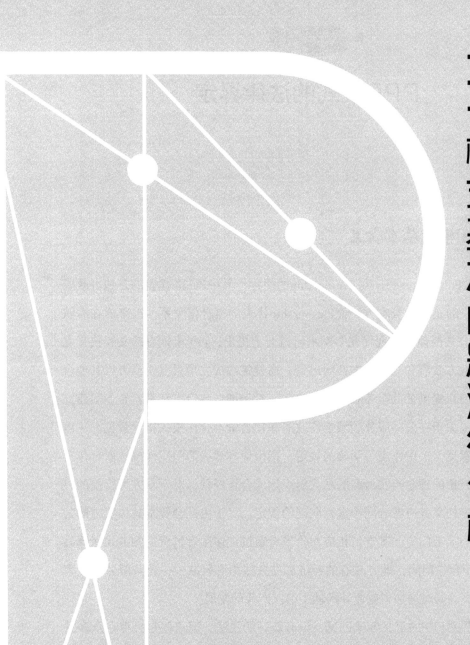

第一章

PPP模式基本问题法律分析

PPP模式的法律界定

一、PPP模式基本含义

PPP是英文Public and Private Partnership的简称，其中Public代表的是地方政府方，Private代表的是社会资本方，而Partnership代表的是合作关系。温来成在海峡两岸"行政与公共治理能力现代化"学术研讨会上提出，PPP模式有广义和狭义之分，都是围绕地方政府和社会资本共同出资，通过签约成立项目公司或者以其他合作形式为社会公众提供公共服务和产品的方式。对于地方政府方和私营企业间建立的协作方式，《关于在公共服务领域推广政府和社会资本合作模式指导意见》（以下简称《指导意见》）中作出了明确的规定，指出地方政府部门应谨慎选取合作对象，秉承公平公正的理念与实力型的私人组织达成合作经营，对于双方可行使的权利及应承担的责任义务应在合同中进行明确的规定。对于由社会资本具体实施的公共服务项目，国家部门应向其支付相应对价或者通过"使用者付费"的方式保障其收益率。在PPP合作期间，地方政府的经济和债务压力有所减少，公共服务的效率与质量得到提高，同时增加了就业并推动了第三产业的发展。

尽管学术界对PPP的定义各执己见，没有统一的说法，但这些定义存在众多共性。无论是"公私合作模式"还是"地方政府和私营企业合伙"，其概念的核心都离不开"合作共赢、风险共担"。我国将PPP模式称为"政府与社会资本合作"，也是将PPP模式认定为一种由地方政府部门和私营部门合作提供公共服务或产品的投资方式。

（一）国外对PPP模式的定义

PPP模式是从英国开始兴起的，当时的合作方式是由地方政府方和私有企业共同参与项目实施，双方都持有相应的股权，结合双方的主要优势，利益共享，出现风险性因素时双方共同承担，从而达成长久的合作，获得利益最大化。

PPP模式在美国得到突破性发展，被成功运用在公共事业建设中。虽然"PPP模式"这个表述较晚才出现在美国公共基础设施建设领域，但实际上，在超过75年的时间里，美国各级地方政府通过免税手段发行市政债券，用债券融资投资私营部门建设或运营公共服务类项目等方式参与社会公共事业建设。广义而言，PPP模式是指美国各级地方政府机构借助社会资本的有利条件，在美国的公共设施建设项目中通过签订合约形式引入私营部门参与项目建设和风险承担的投资运营模式。

由于不同国家对PPP模式的理解以及采用PPP模式的时间不同，PPP模式的适用领域和表现方式亦不同，目前还没有统一的PPP模式定义。大多数国家都认可从广义和狭义两个不同的层面来对其进行界定。PPP模式的广义概念为通过地方政府方和社会资本方的合作提供公共产品或服务。它可以是公共部门和私营部门之间的所有形式的合作，但主要是指一系列特定的合作模式，比如公共部门委托私营部门投资、建设或运营特定领域的基础设施建设。[①]它可以进一步理解为为公共利益需求提供公共产品或服务而建立的伙伴关系。PPP模式狭义概念主要为公共部门和私营部门之间在资金筹集方面的合作。现阶段对PPP模式的定义虽不统一，但其核心仍然是地方政府和社会资本优势互补、风险共担、利益共享以及共同提供公共服务等四种概念。[②]

（二）国内对PPP模式的定义

我国对PPP模式并无统一的定义。对PPP模式如何理解与定义，我国各部委之间也不完全一致。国家发展和改革委员会（以下简称国家发展改革委）对此的界定是：为增强公共产品以及服务的供给能力和效率，地方政府以"购买服务"和"特许经营"等方式，从而与社会资本合作，实现利益共享、风险共担的长期伙伴关

[①] 葛毛娟. PPP模式发展公共事业的理论分析［J］.中国商论，2016（30）：129-130.

[②] 李琪. 高铁走出去PPP项目风险分担与利益分配研究［D］.成都：西南交通大学，2017：6-8.

系。基于公共部门和私营组织合作过程中的管理措施,财政部颁布的《关于规范政府和社会资本合作合同管理工作的通知》(财金〔2014〕156号)指出,PPP模式是在基础设施及公共服务领域建立的一种长期合作关系。通常的合作模式是由社会资本承担设计、建设、运营、维护基础设施的大部分工作,并通过收取使用者费用或者地方政府补贴的方式获得合理的投资回报;地方政府负责基础设施及公共服务价格和质量监管,以保证公共利益最大化。[①]

PPP模式适合于人们需求较高、建设规模较大的基础设施项目,这些项目的成本一般都比较高,单靠地方政府的力量较难完成。利用PPP模式,地方政府可以减轻财政负担,而私营组织可以获得特许经营权,在特许经营期内,私营组织通过运营来取得收益。项目的初始运营权在私营部门,私营部门在特许经营期内负责项目的运营,特许经营期满后私营部门将PPP项目在运营状况良好的情况下交由地方政府部门管理。[②]

本质上,PPP模式是指让非公共部门所掌握的资源参与到地方政府公共部门与私营部门合作过程中,并提供公共产品和服务,这将使各方能够取得比预期的单方行动更有利的结果。相对于BT(Build-Transfer,建设—移交)模式而言,从宏观层面看PPP模式的项目实施过程中期和尾期,地方政府主要起管理作用,私营组织参与了可行性研究和项目建设阶段,而地方政府和项目公司则参与了整个过程。PPP模式意味着在公共服务部门中,地方政府采用招标的方法和一些实力型的私营组织建立合作关系,秉承公平公正的理念对合同内容进行明确界定。私营部门与地方政府公共部门之间的伙伴关系在PPP模式中是独特的,其项目目标是一致的:在特定项目上以最少的资源实现最佳产品或最优服务的供应。私营部门以此目标追求自身利益,公共部门也以此目标追求公共福利和社会利益。如果要建立伙伴关系,首先必须实现项目目标的一致性。但这还不够,因为具备利益共享和风险分担这两个显著特征是保持这种伙伴关系长久与发展的基础。

不管对PPP的概念如何界定,其本质都是相同的,就是地方政府方和私营部门

---

① 周正祥,张秀芳,张平. 新常态下PPP模式应用存在的问题及对策〔J〕. 中国软科学,2015(9):82-95.

② 李娟芳,朱亚红. 城市基础设施建设PPP模式应用研究〔J〕. 四川建材,2017,43(2):219-222.

因提供公共服务或基础设施的建设需要而共同订立长期合作协议，明确约定双方的权利和义务。[1]因此，PPP模式是指地方政府和私人组织之间合作以完成基础设施项目建设的一种模式，PPP模式能让地方政府部门和私营部门都可以充分发挥各自的优势，把地方政府部门的社会责任与私营部门的民间资金和管理效率结合到一起。

简而言之，广义PPP模式是指地方政府与民间资本通过签订合同的形式投资建设公共事业，合同类别可分为管理合同、特许经营合同、服务合同、租赁合同等，具体可包含外包、特许经营等形式，其中特许经营应该是最常见的，同时也是占比最高的PPP形式。而狭义的PPP模式是指具体的某类型的公私合作模式如BT（Build-Transfer，建设—转让）、BOT（Build-Operate-Transfer，建设—经营—转让）等，主要是指地方政府部门和私营部门通过各自出资的形式另外组建公司来开展项目的实施。可见，狭义的PPP模式定义淡化了地方政府与民间资本之间的联系，过分强调民间资本在PPP项目中的作用，同时弱化了地方政府的约束力和监管作用。因此，从研究对象的角度出发，本书采取广义的PPP模式定义。

二、PPP模式的主要类型及投资回报模式

（一）PPP模式的类型

众多的PPP项目虽然运行的模式不同，但本质都是由公共部门发起、由社会资本实施的为大众提供公共产品和服务的项目。因此，分类方式并不影响其实行的效果。真正对公共部门和私营部门产生约束效应的是PPP项目合同。PPP项目合同规定了各方的权利义务，是PPP模式在实施过程中的标准依据。

PPP的运作模式有以下几种：MC（Management Contract，管理合同）、BOT、TOT（Transfer-Operate-Transfer，移交—经营—移交）、ROT（Renovate-Operate-Transfer，重整—经营—移交）、BOO（Building-Owning-Operation，建设—拥有—经营）等。选择何种运作方式主要由收费定价机制、项目收益预期、风险分配基本框架、融资基本需求和到期后处理等因素决定。

根据PPP项目不同阶段所有权归属不同，可将其分为三种基本类型：第一种是

---

① 钱娟. PPP项目风险分担及收益分配研究［D］. 合肥：安徽建筑大学，2017：9-15.

项目建设、运营维护等生命周期内的所有权全部归地方政府所有，代表的类型为BOT；第二种是项目建设方在地方政府特许的时间内拥有PPP产品的所有权，合同期满后最终所有权要移交给地方政府，代表类型为TOT；第三种是所有权属于社会资本，由私营部门经营，代表类型为BOO，它是一种社会资本投资、建设并永久拥有和经营基础设施或公共服务项目的运作方式。

在众多的PPP项目分类方法中，目前被广泛采用的是世界银行的分类方法，主要包括外包类、特许经营类、私有化类三个体系类别，具体如图1-1所示。

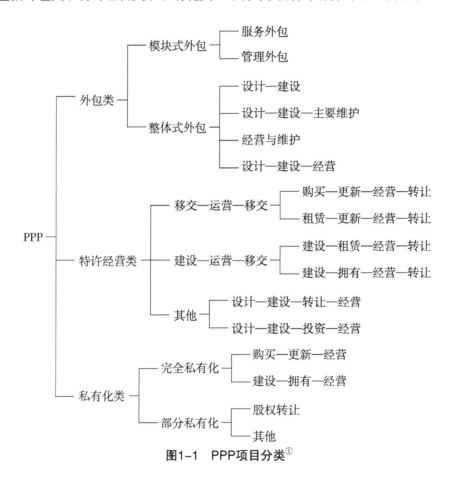

图1-1 PPP项目分类[①]

综上，虽然PPP模式具体表现形式较多，但从法律角度出发基本上可以归纳为两类。一类是合同模式的PPP，主要包括特许经营协议、BOT等。主要内容是将项目的具体运营通过地方政府付费的方式转交给第三方公司进行建设，以相应减轻地

[①] 刘薇. PPP模式理论阐释及其现实例证［J］. 改革，2015（1）：81.

方政府的财政压力。第二类是公司模式的PPP，其核心是由地方政府部门与社会资本共同组建PPP的运作载体——项目公司（SPV）。在这种模式下，地方政府仅以在项目公司中的股权比例承担有限责任。[①]

（二）PPP投资回报模式

1. 投资回报模式的类型

投资模式和回报模式是整个PPP项目成功的关键。与PPP项目中回报模式相关的包括PPP合作模式、投资责任、项目收入和风险机制等。投资回报的模式主要分为三种。

第一种是以特许权协议为基础，形成一种既定的投资模式，有固定的投资回报，是目前比较常见的一种。

第二种是地方政府部门与私营部门之间伙伴式的合作关系，双方共同展开投资，投资回报方面采取灵活的模式，在经济开发区使用较多。

第三种是签署合同。地方政府通过与私营部门签订合同来明确双方的权利与义务，合作项目结束时，双方根据各自投资来收取回报。

2. 合理的PPP价格机制

PPP项目的投资回报涉及成本与收益，成本的组成包括项目在建设当中的成本，另外还包括社会资本企业在对该项目进行评估以及测算过程当中产生的费用和地方政府在项目实施过程当中的补贴等。收益主要来自项目建设完工以后公众使用或者享受该设施所要支付的费用。投资方通过确定合理的收费标准、对项目设定合理的运营年限、地方政府进行适度补贴建立合理的投资回报机制，完善价格上限规制以及公正报酬率规制等获得收益。

公正报酬率规制，即收益率规制（Rate-of-Return Regulation），是指通过限制企业资本投资收益率的办法来使企业的资本获得公正的收益，在PPP项目中主要指相关的规制部门基于对企业经营期的调查，根据其实际成本的支出进行相应的补偿。资本成本指的是企业预先对投资的风险进行评估，从而提出理性的报酬率的要求。公正报酬率机制完善了PPP项目企业的合理报酬，提升了PPP项目公司的治理效

---

① 孙南申. PPP模式投资风险的法律规制［J］.国际商务研究，2018，39（3）：12-24.

用，保护了PPP项目投资者利益。通过这种方式，社会资本在PPP模式下长期的利益得以实现，充分调动了社会资本在投资PPP项目中的积极性。

价格上限规制（Price-Cap Regulation）是指对被规制企业的产品或服务的价格设定上限，不允许价格超过规定上限的一种规制方法。地方政府部门通过对企业进行资本成本的合理估算，了解企业成本与价格之间的差异，从而监测企业获利的能力。在价格上限规制中，资本成本起着重要作用，只有在一个合理的估值区间，价格上限规制才能发挥其应有的作用。社会资本以PPP项目获得长期投资回报为目的，但地方政府资本投资PPP项目是为了实现公共利益的最大化，因此在PPP模式中，为使社会资本获得合理的收益，构建PPP项目收益的合理价格机制尤为重要。

三、PPP模式的主要特征

PPP模式从定义来看，是一项由公共部门和私人部门共同投资、建设公共基础设施，共同参与项目客体的经营并向消费者提供公共服务或产品的合作项目。因此PPP有以下几个特征。

（一）地方政府和社会资本之间是合作伙伴关系

在PPP模式中，地方政府和社会资本是合作伙伴关系，有长期合同。这个项目合同对合同期内双方的权利义务进行相应的规定，双方在法律和合同的框架内行使权利并承担相应义务，降低了项目风险，提高了项目效率。地方政府利用社会资本成熟的企业经营管理水平，规避了单独负责项目时可能存在的超预算、超规模和超工期等问题，确保提供高效的服务，加强公共服务建设。在PPP合作期间，社会资本以特许经营或者其他方式进入公共服务领域，实现资本的长期回报。

地方政府和企业看似追求的利益不同，但是两者并不相悖，而是存在着一个共同的目标——维护公共利益。所以地方政府和企业其实是一种持久互助的伙伴关系，有一致的项目目标，即在合同规定时间内，高效地利用最少的资源提供最多最好的产品及服务。

（二）项目风险合理共担

PPP模式中地方政府和社会资本风险合理共担是其区别于其他投资模式的显著特征。PPP项目周期长，在赢利之前，风险难以预测，因此项目风险如何分担是必然会面临的问题。

风险共担并不是等额分担，而是根据各参与者对风险的把控能力进行合理分配，最大限度降低项目运营可能出现的风险事故。在PPP模式中，参与方获利多少与风险分担的比例应该成正比。因此地方政府和企业签订PPP合同前，应该商讨好风险分担原则，将风险降到最低，从而减少矛盾发生的可能性。

（三）项目利益共享共赢

利益共享是PPP合作关系的基础，指项目投资者共同享有项目经营所产生的利益。在实践中，地方政府和社会资本以股东的身份对项目承担有限责任，同时以股权的形式获得项目的收益。PPP项目都是带有公益性的基础设施项目，不能以利益最大化为目的。地方政府在PPP项目运营中获得社会效益，而社会资本获得合同约定范围内的经济利益。因此，PPP模式的利益共享特征，体现的不是简单的共享，而是在共享PPP的社会成果同时，使参与者取得相对稳定的长期投资回报。地方政府从PPP项目中获取公共利益的同时也要保证企业在合理范围内的收益。[①]

（四）具备融资功能

PPP项目具备一定的融资功能，可以化解地方政府性债务，因此地方政府通常将PPP作为融资工具。项目融资是指为建设运营项目，地方政府和社会资本共同出资设立项目公司，由项目公司完成PPP项目的投资建设和经营还贷。[②]其特点是由项目发起人做出投资决策后，组建第三方企业进行承包建设，建设费用通常由公共部门和私营组织共同承担，项目公司作为独立法人，财务独立，社会资本方运营管理项目公司，以PPP项目自身的盈利偿还贷款债务。

在整个PPP运作中，债权人只对项目资产和盈利具有追索权，对项目发起人没

---

① 刘薇. PPP模式理论阐释及其现实例证［J］.改革，2015（1）：78-89.

② 丁保河. 中国PPP立法研究［M］.北京：法律出版社，2016：6.

有追索权。PPP项目融资以社会资本为主,主要负责项目后续的银行贷款、债券、信托融资等,地方政府主要解决融资难与成本高的问题。PPP合作期间,由社会资本承担项目建设的所有费用,在资金筹集的过程中地方政府不具体参与。这样,所有的资金风险都由社会资本承担,减轻了地方政府的压力,由地方政府和社会资本共同承担项目周期中的各种风险。

PPP模式与市场机制关系分析

一、市场机制与PPP模式的功能

市场机制具有高效性、追求收益回报、流动性强等特点。在传统的地方政府采购建设提供公共服务的模式中,信息不对称、地方政府机构部门众多、基础设施建设周期较长等因素,往往导致公共产品的提供较为低效。因此,地方政府可以通过引进市场机制来提高公共产品服务的供给效率。PPP模式是将传统的由地方政府提供公共产品的模式与市场机制相结合,地方政府在提供公共服务的同时可以引入市场机制来找到合适的社会资本方以实现PPP模式的共享共赢。

(一)市场机制与PPP模式的运行

1. 市场机制的定义

市场机制(Market Mechanism)指的是在资源有限的情况下,市场主体之间通过竞争的形式来获得相应的资源配置,资源通过自由交换和自由竞争的形式实现配置,属于价值规律的实现形式之一。竞争、价格、供求、风险等要素有不同的机理及联系,形成了市场机制的相应模式。市场机制分为一般市场机制和特殊市场机制。一般市场机制是指能够发生作用并在任何市场都存在的机制。而特殊市场机制的特殊性指的是在特定市场起着独特作用,如外汇市场上的汇率机制、金融市场上的利率机制等。我们以下讲的市场机制是指一般市场机制。

市场机制一般包括竞争机制、价格机制、供求机制、风险机制和利益机制,其中市场机制的核心是竞争机制。[①]市场机制是价值规律的具体实现形式,它通过以上5种机制来实现社会资源的合理配置,从而达到促进行业技术进步、优化经济产业结构以及资源配置效用最大化的效果。在PPP模式实践中,市场机制的作用体现在地方政府挑选符合要求的社会资本时一般通过招投标等竞争方式,同时也体现在PPP能够提高公共产品或服务的供给效率。

2. 市场机制的运作

PPP项目建成后提供的产品或服务受供求关系、主体间的竞争和市场机制的影响。关于社会资源的优化配置,在市场经济当中,企业与企业之间、企业与个人之间对于资源及产品的选择是充分自由的,其中起关键作用的是价格机制。企业以及个人出于对利益的考虑,趋向于价格合理的产品,直到最终的有效需求得到满足,没有资源浪费与过剩。然而,通过价格机制来促进资源的合理分配带有一定的自发性与盲目性,在此过程中会出现一些问题,如产品或服务质量存在问题,或者利用市场优势地位限制竞争等。因此,PPP项目在市场机制中的作用主要体现为,凡是通过市场机制可以进行基础资源配置的PPP项目,地方政府公共财政应当退出;在市场机制失灵的领域,地方政府公共财政应当介入,实现地方政府的管理职能和服务公众职能。这种退出与介入机制均不以利润为导向,而以满足公共需求、实现社会公共利益最大化为基础。这样才能把市场机制与PPP模式联系起来,体现PPP模式在市场机制中的运作。

3. 市场机制下PPP模式的运行

地方政府的基本职责之一是提供公共物品和公共服务。因公共利益的需求,以往这些公共物品和公共服务都直接由地方政府单独提供,对社会资本存在准入限制。由于地方政府财政资金短缺和经营管理能力不足,政府和社会资本合作模式在市场机制下的探索和运用就成为新的投资合作模式。PPP模式是地方政府与社会资本合作,以特许经营等形式共同提供某种公共产品或服务的模式,最终达到利益共享、风险共担。一方面,在市场机制中,地方政府具有统一调配资源的能力和优势,但是在经济运行中,地方政府选择PPP模式建设基础设施也需要尊重市场主体的选择权,遵守PPP项目的市场准入规则。另一方面,适用PPP模式的项目一般涉及

---

① 李慧. 公共产品供给过程中的市场机制 [D]. 天津: 南开大学, 2010: 8–10.

公共利益，这些项目过去一般由地方政府代表国家进行建设或者独占市场，社会资本不易参与其中。但是在社会经济不断提升的过程中，我国对此已进一步放宽。为此，建立清晰透明的市场准入机制，鼓励社会资本积极参与基础设施和公共服务的建设项目，保证社会资本能在PPP项目推动过程中获得市场准入的公平竞争就显得至关重要。

2015年发布的《国务院关于实行市场准入负面清单制度的意见》（国发〔2015〕55号）（以下简称《意见》）明确了实行市场准入负面清单制度的总体要求、主要任务和配套措施。《意见》提出，市场准入负面清单包括禁止准入类和限制准入类。对禁止准入事项，市场主体不得进入，行政机关不予审批、核准，不得办理有关手续；对限制准入事项，或由市场主体提出申请，行政机关依法依规作出是否予以准入的决定，或由市场主体依照地方政府规定的准入条件和准入方式合规进入；对市场准入负面清单以外的行业、领域、业务等，各类市场主体皆可依法平等进入。

通过一系列政策法规，发挥市场在资源配置中的决定性作用与更好发挥地方政府作用统一起来，促进PPP模式在市场机制下的有效运行。在实践中，对于一些特殊领域的PPP项目，通常地方政府有关部门会实行公众参与、专家论证和地方政府决定相结合的决策机制，充分听取项目所在地各部门意见，组织专家进行必要性和可行性论证，并向社会公开征求意见，通过相关论证后，确定项目市场主体资质。

市场机制下运作PPP模式，不但帮地方政府解决了债务压力和经济压力，而且还能够把更多的资金和资源投入到筹划、监管以及合同管理等方面，以此提升地方政府社会治理的效率及能力。在市场机制下PPP模式运行有其特殊性，社会资本出于对长期回报的追求，通过自由竞争来获取相关PPP项目的建设和经营权，由此改变了过去地方政府在公共基础设施项目中的独占地位，形成新的公私合作格局。

（二）PPP模式的功能

当前，国家经济健康稳定发展，经济增速放缓。为了刺激国内经济的发展动力，国家近几年一直在调整税率，2018年3月国家宣布减税4 000亿元，2019年1月实行个人所得税专项附加扣除，减税力度空前加强。2023年6月27日，中国注册税务师协会颁布的《PPP（政府和社会资本合作）项目税收策划业务指引（试行）》，是自2014年PPP项目推行以来第一份关于PPP项目的税收的具体指引的行业性文件。虽为行业性文件，但从此政策的推行可看出我国落实PPP项目的重大决心。在税收减少的前提下，地方政府建设公共基础设施的职能如何才能不受影响？PPP模式给这个局面带来了新的转机。

PPP模式是政府与社会资本合作投资公共产品或服务的一种高效率的投资形式。通过PPP模式，地方政府能够使投资在基础设施建设上的资金更少，管理成本更低，能将解决其他社会问题所需资金尽可能地保留下来，更切实地解决其他迫切问题。PPP模式的功能主要分为以下四个方面：

1. 减轻地方政府的财政负担

城镇化建设和公共基础设施建设对资金的需求是巨大的，从开始建设到投入使用的整个周期比较长，资金回笼慢，且建设期间与运营管理需要投入大量人力物力，对地方政府来说无疑是一项沉重的负担。国家统计局2021年2月28日发布的《2020年国民经济和社会发展统计公报》显示，我国2020年年末常住人口城镇化率已超过60%。有学者据此预测，2025年我国城镇化率将达到65.5%。地方政府财政收入难以全部满足由此带来的巨量投资需求，而通过PPP模式可以吸引社会资本参与到基础设施建设，缓解地方财政压力。大理某截污PPP项目就是PPP模式减轻地方政府财政负担的功能实例。财政部地方政府和社会资本合作中心官网2018年的数据显示，该PPP项目是环境保护综合治理的重大工程，是创新投融资体制的标志性工程，已被评选为财政部第二批PPP全国示范项目。该PPP项目计划投资34.68亿元，如果只靠地方政府融资，基本上是不可能完成的，但通过PPP模式，地方政府每年仅需6 250万元的财政支出，就促成了项目落地。

PPP模式可以有效减轻地方政府负担，减少很多环节的工作，从而使得地方政府能腾出大量的精力用于有效管理项目运作。在项目质量得到有效提高的同时，也大大减轻了地方政府的财政压力。应用PPP模式能使社会资本加入公共产品或服务行业的建设中，让社会资本在项目建设中起重要作用，同时减轻了地方政府的财政负担，地方政府可以将财政资金分配到更加需要的地方，如医疗救助或其他民生工程。

2. 加快地方政府的职能转变

PPP模式的推广不仅要求地方政府进行职能转变，促进市场机制发挥对公用事业领域内的资源配置的基础性作用，同时也推动地方政府为适应PPP模式而进行角色转变，从传统的公共服务提供者转化为公共服务的监管者、购买者，从而实现地方政府管理职能的转变。

社会资本直接进入公共项目基础设施建设行业，其作为市场的参与者，负责项目的主要实务流程，如项目策划，资金、人力、物力投入以及后期的项目运营和维护管理。地方政府则分离出来作为项目的合作者和市场的监督者，将大部分项目的运营权力开放给私营部门，将地方政府精力转移到市场监督、制度管理优化、系统升级等其他公共管理职能上。公共项目采取市场机制是一种符合市场化经济制度的体现，更是体制改革创新、地方政府职能转变的重要方式。

3. 提高公共服务的供给效率

PPP模式能够实现高效利用公共资源的目标，地方政府资本和社会资本可以取长补短，发挥各自的优势，弥补对方的不足。双方可以形成互利的长期目标，以最低的成本为公众提供高质量的服务。公共利益是地方政府部门建设项目的根本追求，但在公共资源的开发和运营方面，地方政府缺乏市场营销经验与技术并存的运营团队，并不熟悉具体的商业运营操作流程。而社会资本投资目标明确，商业手段成熟，资金雄厚，最终目的是追求长期稳健的投资回报。因此，开放公共项目市场给社会资本，社会资本将会给这一公共服务行业带来新的经济增长点。

在公共服务行业领域中引入社会资本还可以带来公平的竞争机制，既可以减少地方政府的资金流出，又能够以更低的成本向社会公众提供质量更好的公共产品和服务，提升资本利用的性价比和公共供给效率。[①]因此，推广PPP模式既可以保证公共产品的质量，也可以在财政方面缓解地方政府压力。社会资本不仅能为地方政府部门提供更多的资金和技能，还能推动项目在设计、建设、经营、管理过程等方面的革新，提高公共供给效率。

4. 稳投资促进社会经济增长

我国PPP项目投资主要涉及市政工程、农田水利、城镇综合开发、交通运输、污水垃圾处理、生态平衡综合治理等民生工程。特别是2020年以来，全国大部分省市还将财政资金合理规划，投资到文化旅游、健康养老、体育教育等领域。这些

---

① 丁保河. 中国PPP立法研究［M］.北京：法律出版社，2016：6.

PPP民生项目的财政资金流向，不仅在一定范围内稳定了投资环境，还进一步扩大了内需，促进就业和社会经济稳步发展。

二、市场机制下PPP模式产生的原因

（一）从地方政府角度分析

1. 缓解财政压力

PPP模式让社会资本参与建设，不仅减少了地方政府财政支出，还提高了项目的质量，两者共同参与项目的建设，能相互促进。根据PPP项目合同的规定，只有当项目完成并获得地方政府批准投入使用时，社会资本才能获得收益。这就促使社会资本严格履行PPP项目合同规定的义务，降低工程造价，避免项目资金风险。当某一项基础设施需要建设时，地方政府通过PPP模式，吸引不同的社会资本参与到PPP项目的竞争当中，地方政府在众多的企业中挑选最具竞争力的私营企业与其合作，达到融资的目的。此举可以减少地方政府在前期项目筹资当中所遇到的问题，减轻地方政府的财政负担，使其有更多的资金去建设更多的基础设施。以往地方政府在运营公用事业项目时，采用地方政府补贴的方式对公共产品和服务进行定价，产品成本的变化与供求关系的变化不会改变公共事业产品的价格，这样就与市场机制相冲突。如果补贴过多，地方政府可能出现资不抵债的局面，将进一步导致财政负债的增加。而市场机制下的PPP模式通过有效的融资，不仅缓解了地方政府在财政上的压力，而且双方需要签订项目合同，必须遵守合同约定，履行合同义务，行使合同权利，最终实现共赢。

2. 实现市场机制和宏观调控的双赢

PPP项目的核心是市场化的管理机制，引入市场化管理，能提高PPP项目的效率。PPP模式在促进项目建设的同时，也可以减少很多不必要的资金浪费，有助于项目合理有效地运用资金。由于政府公共服务职能的影响，地方政府在经营公共事业项目的过程中更看重追求公共利益的最大化，这可能在一定程度上会影响公共事业项目的整体运营效率。而在市场机制下的PPP模式中，私营企业以及民营企业具有卓越的创新能力以及运营能力，它们在公共事业项目的运营过程中有较高的营运

效率。当地方政府把一部分决策权以及经营权移交给社会资本时，社会资本为实现项目合同约定限度内的利润最大化需努力提高经营效率，地方政府则专注把握对市场的宏观调控，加强对项目的监管，提高项目的质量，实现公共利益的最大化。

例如京港地铁的建设就是采取PPP模式（见图1-2），从而提高了经营的效率。京港地铁项目分为A、B两部分。社会投资者与地方政府达成协议，协议的内容主要包括由社会资本成立PPP公司，北京市政府授予PPP公司特许经营权，A部分地铁的建设由市政府参与投资并且持有该部分，A部分建成以后租赁给PPP公司经营，而B部分的建设则主要由PPP公司投资建设并持有，在特许经营期限满后无偿移交给地方政府。北京市政府深知PPP公司经营能力出色，因而将特许经营期限内的经营权交给了社会资本，有效地结合了双方的优点，最终取得了令人满意的成果。

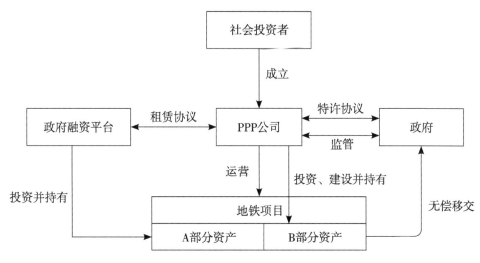

图1-2　京港地铁PPP模式项目

（二）从社会资本角度分析

1. 获得长期回报

私营企业参与PPP项目的本质追求是长期稳定的投资回报，而市场机制下的PPP项目特点就是期限长、利润稳定，因此PPP项目是社会资本做长期投资的一个非常好的选择。同时，PPP项目主要负责公共基础设施的建设，这些建设都是惠民的项目，回报率定得过高会损害社会公众的利益，因此社会资本不能通过参与PPP项目获得超额利润。2015年5月发布的《指导意见》特别指出，PPP项目要"提升公共服务的供给质量和效率，实现公共利益最大化"。[①]

鉴于PPP项目的公益性要求，我国地方政府部门通常会在PPP项目协商时确定投资回报机制，大体会把利润率限制在百分之八左右。在PPP模式中，地方政府把主要的经营权交给社会资本，这样社会资本的自主性较强，所受的约束较少，地方政府则主要负责监管，保障公共利益的实现。因此，社会资本可以获得长期稳定的投资回报。同时，在项目运营中社会资本高效提供公共产品和服务，体现了企业的社会责任承担，树立了良好的企业形象，而地方政府则能以较低成本提供符合公益的公共服务，双方实现互利共赢。

2. 获得竞争主体资格

PPP模式打破了许多行业准入限制，赋予了企业竞争主体地位，实现了经济法公平原则的价值意义，带来了新的经济增长点。PPP项目向社会公开，社会资本通过参与公平市场竞争，获得了平等的企业竞争主体地位，可能参与项目建设。对此，《指导意见》规定，地方政府在项目推广中要遵守公平原则，采取竞争性方式择优选择具有投资、运营管理能力的社会资本。

此外，企业进行项目投资存在很大的风险，PPP在项目初期实现了风险合理分配，地方政府分担了一部分风险，因此大大降低了企业投资的风险，企业还有机会获得长期稳定的收益。市场准入的公平竞争，投资收益的公平获取，对于企业来说都具有很强的吸引力。

例如广州某污水处理项目，由美国某投资公司出资2.33亿，广州市A有限公司（地方政府代表）出资1.10亿建成，双方分别持有67%与33%的股权。2000年7月，广州市B水务有限公司通过竞标，获得了该污水处理厂17年运营维护的总承包合同。根据总承包合同的规定，该公司负责营运和维护保养日处理能力为20万吨的该污水处理厂及与之相配套的40公里污水管线、4座污水泵站。2003年10月底，该污水项目工程基本建成并投入通水调试，2004年4月30日投入污水试运行。到2008

---

① 国务院办公厅转发财政部、国家发展改革委、人民银行联合发布的《指导意见》指出，财政部、国家发展改革委、人民银行三大发布主体所主管的财税、投资、价格、金融等领域都要求在经济法调整下实现公共利益最大化。其中第一部分规定，充分认识推广政府和社会资本合作模式的重大意义：政府和社会资本合作模式有利于充分发挥市场机制作用，提升公共服务的供给质量和效率，实现公共利益最大化。

年底，该污水工程项目实现连续三年全达标排放。在此过程中，地方政府通过公开公平的招标方式，将整个项目的运营权转交给广州市B水务有限公司，在17年的项目运行期限届满之后，公司要将资产全部转交给广州市政府，而运营商以及投资商则在这个过程中获取稳定的利润，企业也获得公平的竞争主体地位，树立起良好的企业社会责任形象。PPP模式中地方政府能够为公民提供高效高质量的公共设施，社会资本也能够从中获取稳定且长期的利润，达到双赢效果。

三、PPP模式的公共性与竞争性

（一）PPP模式的公共性

在PPP模式中，地方政府履行社会管理和公共服务职能，其核心是服务于大众，为公众提供公共产品。由于公共物品的共同消费性和非排他性，追求利润最大化的生产者一般不具有提供公共物品的内在动机和外在激励。PPP模式则融合此类特点，与社会资本合作，在提高公共物品的质量、减少地方政府资金投入的同时也降低了社会资本参与的风险，达到合作共赢的目的。公共物品的提供也体现出PPP模式的主要基础，对PPP模式的公共性的理解要提到以下三种特性。

一是公开性，指地方政府行政行为的具体程序流程需要向群众公开展示（依法保密内容除外），允许权利相关人查阅。PPP模式公开项目合作内容以便于有意向合作的主体都能参与PPP项目，由地方政府部门从大局出发选择最适合建设PPP项目的单位，以便提供优质的公共产品或服务，这无疑体现了PPP项目的公开性。《指导意见》专门规定了地方政府和社会资本的公私合作项目要公开公平运作，保障人民群众的知情权，监督和约束参与各方的行为合法合规。

二是公益性，指项目本身旨在服务社会群众，追求社会效益。PPP项目的含义也赋予了它这个特性。[①]地方政府和私营企业合作一定要强调项目的可持续发展和服务的公益性，地方政府也要保证私营企业的合理收益，利用社会资本方的资金、人才和管理经验，实现公共利益的最大化。

三是公平性。在PPP项目中，符合其相关要求的主体通过公平公正的方式参与

---

① 张守文. PPP的公共性及其经济法解析［J］. 法学，2015（11）：9-16.

竞争，成为地方政府的合作方后才能获得为大众提供公共产品的权利。[①]同时，参与项目的私营企业要公平竞争参与，地方政府要秉持利益合理化，保持经济效益和公益效益相协调的原则，为民众提供优质公共服务，使双方获得公平的收益。

（二）PPP模式的竞争性

PPP模式的公共性与竞争性密切相关，地方政府的项目采购应根据相关规章制度，采购方式包括公开招标、竞争性谈判、邀请招标、竞争性磋商和单一来源采购。在以上方式中除了单一来源采购方式，其他采购方式均有多个主体参与竞争。公开招标与邀请招标的主要区别为招标主体数量不同，公开招标是招标人在公开平台上用公告的方式招标，邀请招标则是招标人邀请符合招标标准的特定招标对象参与招标的方式。竞争性谈判和竞争性磋商从字面也能看出其突出的竞争性。

多数情况下，地方政府之所以作出PPP项目的决策，是因为其通过评估认为采用PPP模式比传统的公共采购更有效率，社会资本有更专业的企业管理能力和项目运营能力，风险也可分担给私营部门，而不再是由地方政府独自承担。实践中，大多数国家在决定是否采用PPP模式之前需要对公共部门比较值（Public Sector Comparator，PSC）[②]进行评估。

在我国，PPP项目在投标前，都需要先对项目进行物有所值评价，但是由于实践中缺乏充足的数据积累，在物有所值评价的计量模型中，物有所值定量评价仍处于探索阶段，全国没有统一标准，在实际运用时也是结合具体的情况进行评估。不管是PSC还是我国采用的物有所值评价，其比较方式和数据估算都来源于假设，并没有直接反映市场机制的自然竞争规则。

PPP模式的运作具有竞争性。国外有学者提出，没有经过PSC检验的PPP投标成功的案例表明，通过引入多个投标者进行自由竞争，可以实现更高的效率。[③]在市场机制下，只有经历市场自由竞争才能实现高效地提供公共产品或服务的目标。

---

① 张守文．PPP的公共性及其经济法解析［J］．法学，2015（11）：9-16.

② 公共部门比较值：是指采用传统采购方法提供相同指定服务的基准成本，目的在于反映地方政府通过传统地方政府出资交付项目的全部风险调整成本。公共部门比较值是假设性估算，不是地方政府承担的实际成本。

③ 欧亚PPP联络网．欧亚基础设施建设公私合作（PPP）案例分析［M］．王守清，译．沈阳：辽宁科学技术出版社，2010：7.

另外，PPP模式的公共性和竞争性是有一定限度的，主要体现在PPP项目的可适用领域不包括纯公益性和完全市场化的领域。因为PPP模式对于投资方来说，本质上是要追求收益的。社会资本投资PPP项目需要获得回报，地方政府选取PPP模式也需要获得公共利益方面的回报。纯公益性的项目没有收益，不体现竞争性；完全市场化的领域已经形成良好的市场竞争，采用统一的市场运作规则，市场主体通过平等竞争进入市场，难以体现公益性。

四、PPP模式在市场机制下应遵循的原则

运用PPP模式需要遵循一定的原则，才能使地方政府与私人部门社会资本的合作更稳定。为了保证PPP项目有序、顺利地进行，在市场运用中应遵循以下原则。

（一）公平竞争原则

公平竞争原则是各个竞争者在同一市场条件下，共同接受价值规律和优胜劣汰的作用与评判，并各自独立承担竞争的结果。该原则是经济法赋予竞争者平等的市场主体地位与公平的竞争环境，无论该市场主体的出身和其资金来源于何处。这可以说是公正、平等理念由私法到社会法的一种深化。公平竞争原则在PPP模式运行中包括两层含义。

一是指PPP模式的市场主体和其他参与者的法律地位平等。PPP模式的本意是鼓励社会资本特别是民间或私营资本进入基础设施和公共服务的建设领域，但实践中，PPP项目的社会资本参与者主要是国有企业，有些地方政府可能出于规避风险的考虑，给民营或私营资本进入项目设置诸多限制。地方保护主义也是民间资本参与PPP项目的阻碍，有些地方政府规定，外地企业如果要获得参与PPP项目投标的资质就需要与本地企业合作或必须先办理一系列烦琐的审批备案手续。这些都与经济法追求的价值和本意不符，也不利于PPP项目的推广。在推广PPP模式中应当引入竞争机制，给予不同所有制的企业无歧视、公平的竞争机会，打破垄断经营，提高资源配置。[①]公平竞争原则是PPP模式的基本原则，尤其在地方政府选择社会

---

① 敖双红.公共行政民营化法律问题研究［M］.北京：法律出版社，2007：61.

资本作为合作对象的方式上。对此，财政部在2014年11月发布的《政府和社会资本合作模式操作指南（试行）》（财金〔2014〕113号）（以下简称《操作指南》）及在2014年12月发布的《政府和社会资本合作项目政府采购管理办法》（财库〔2014〕215号）都列举出PPP项目的采购方式，包括：公开招标、竞争性谈判、邀请招标、竞争性磋商和单一来源采购，建议项目的采购单位根据项目特点，选择适当的采购方式。

二是指PPP模式在项目运行全阶段应坚持依法合规操作，保证交易过程合法，保证交易条件和交易结果公平。PPP项目在双方商谈、文件签订、项目建设、项目运营中，都要符合相关的法律法规。地方政府在做决策或实施其他相关具体行政行为时应严格按照法律法规制度的规定行使权力，防止权力滥用。社会资本应特别注意在项目的运营过程中遵守合同约定，依法合规经营管理项目。地方政府和社会资本只有在法律框架下各自履行自己的权利和义务，才能使PPP项目最终运作成功。

（二）公益优先原则

PPP项目的根本目标是实现公共利益最大化。但社会资本和地方政府部门所追求的价值目标不一致，社会资本在市场机制中尽可能追求利润最大化，希望维持高价服务。而对于涉及公众利益和公众安全的项目，地方政府希望企业能以较低的价格和较高的质量向公众提供，并提供无歧视的普遍服务。[①]如我国的地铁PPP项目，其定价涉及公共利益和企业财产利益。地铁提供的是公共交通服务，具有很高的公益属性。因此地方政府部门在制定地铁价格时，第一步就是要充分考虑地铁的实质特征。它是由地方政府投资建设的，主要的作用就是加强城市功能，如有效地进行人员疏通，提高通行效率等。根据国内外的有关交通方面的常规定价方式，公益原则是地铁定价要遵循的第一原则，然后才是追求长期的投资回报平衡。总的来看，就是要坚守公益优先、兼顾效益的原则。

美国学者罗尔斯认为，必须通过政治过程而不是市场来提供公共利益。[②]公益优先原则，就是指在合同履行的过程中，如果私人利益与公共利益发生冲突，行政

---

① 李允. PPP的法律规制：以基础设施特许经营为中心［M］.北京：法律出版社，2017：70.

② 约翰·罗尔斯. 正义论［M］.何怀宏，何包钢，廖申白，译. 北京：中国社会科学出版社，1988：267.

机关为了维护公共利益，可以依据行政优先权变更或解除行政合同。当然，行政机关变更或解除合同也不是任意的，一定是因为合同的继续履行会危害公共利益，而且是否因为公共利益而更改、解除合同的最终判断权也不在行政机关，而由司法机关裁定。如《中华人民共和国城市房地产管理法》明确规定，国家根据社会公共利益的需要，可以依据法律程序提前收回土地使用权，从而可单方面解除土地使用权出让合同。[①]关于公益优先，《中华人民共和国民法典》物权编也有相关规定。[②]据此，在PPP项目中，若该项目在进行中发生情势变更或者其他原因致使项目用地的取得跟社会公共利益产生重大冲突，地方政府可以据此收回项目用地。PPP项目大多涉及公共利益，在项目推行过程中更应遵守公益优先原则。

（三）诚实信用原则

PPP合同在性质上是一种含有行政因素的民事合同，诚实信用原则是民法的基本原则之一，也是PPP模式运用过程中应遵循的法律原则之一。《中华人民共和国民法典》第七条规定：民事主体从事民事活动应当遵循诚信原则，秉持诚实，恪守承诺。其立法本意是要求人们在民事活动中行使民事权利和履行民事义务时应当讲究信用，在不损害他人利益的前提下追求自己的利益，否则将获得不利的法律评价。所以诚信原则的本质在于谋求当事人之间的利益平衡以及个人利益和社会利益的平衡，目的在于保持社会稳定和谐地发展。

在PPP模式中地方政府与私人部门都要遵循诚实信用的原则，这也是行政法信赖保护原则的必然要求。例如为了PPP项目的顺利进行，在PPP合同中通常明确地方政府在项目实施过程中的义务，规定地方政府需承诺的内容一般包括：地方政府付费或提供补助、办理项目相关审批、保证项目的唯一性、负责或协助项目用地的取得等事项。根据诚实信用原则，地方政府对做出的约定应当遵守，不能随意改变。另外，PPP项目的进展也不应因地方政府换届、人员变更等受到本质的影响。在PPP

---

① 参见《中华人民共和国城市房地产管理法》第一章第六条：为了公共利益的需要，国家可以征收国有土地上单位和个人的房屋，并依法给予拆迁补偿，维护被征收人的合法权益；征收个人住宅的，还应当保障被征收人的居住条件。具体办法由国务院规定。

② 参见《中华人民共和国民法典》第二百四十三条：为了公共利益的需要，依照法律规定的权限和程序可以征收集体所有的土地和单位、个人的房屋及其他不动产。

模式中，各市场主体都需遵守己方做出的承诺并对己方的行为负责，如此才能保证双方的公平，保障PPP项目顺利实施。

（四）风险最优分配原则

风险最优分配原则是指PPP项目在进行风险分配时需将风险管理效率放在首位，在此基础上，分别从管理效率和经济利益等方面进行考虑，确定项目风险分配基本框架。具体应遵循如下原则：PPP项目参与者承担的风险大小要与从项目中所获得的回报相匹配。但在整个项目的运营过程中，必然会存在超出双方承受能力的风险，如不可抗力风险等。考虑此类风险的主要承担者时，需遵循"由最能控制该风险发生的一方承担"的原则，还需综合衡量风险发生概率、地方政府自留的支出、私营资本承担的意愿等，对承担者给予对等的经济补偿。在实践中，我国PPP项目的风险分担机制还存在一些问题，比如地方政府要承担项目不能完工、项目停运的风险，而社会资本要承担最低供应量风险、法律变更风险、延迟支付风险。例如BOT建设方在施工过程中进行垃圾处理时，地方政府没有提供相应的补贴，使得双方协作出现困窘的局面。[①]

PPP项目的实施是否顺利，很大一部分取决于PPP项目中地方政府部门与私营部门对PPP项目的风险承担分配是否最优。PPP项目的风险贯穿于PPP项目的建立、设计、建设、管理与维护等各个流程。风险越繁杂，越要仔细划分清楚，这样才能使整个PPP项目顺利运行，保障各参与对象的合法利益。

---

① 丁保河. 中国PPP立法研究 [M]. 北京：法律出版社，2016：6.

第三节

PPP模式的法律关系分析

一、PPP项目相关主体

在PPP项目中，主体是运营成功的关键，从投入到产出应该由哪些主体参与，各主体有根据自身优势和特色优化项目运行的职能。对于风险承担主体的分析，很多文献都只是针对地方政府与私营部门，而本书将第三方也列入承担主体中。一套完整的PPP市场规则应包含所有主体，在合同的权利义务权衡中做到合理分配，互利共赢。而PPP项目合同是由众多合同构成的集合概念，为推行PPP项目实施的合同都属PPP项目合同的范畴，包括特许经营协议、建设运营过程中的履约合同（如工程承包合同）以及融资合同、保险合同等。[①]

（一）地方政府部门主体分析

签订PPP项目协议的主要参与方之一是地方政府部门。地方政府公共部门在PPP整个项目的运作中的身份是多重的，既是PPP合作的主要参与方，也是权益方，同时还是监控方。在项目实施的过程中，首先要制定相关的法规与机制，良好的公共事业投资环境和规范的市场制度环境是降低市场风险的前提条件。然后通过投标方式挑选合适的合作伙伴，签订协议，分别履行各自义务。在项目的承建与运营过程中，地方政府扮演着监督者的角色，对不符合社会公共利益的运营行为进行监督调

[①] 参见《操作指南》第十一条：……（五）合同体系主要包括项目合同、股东合同、融资合同、工程承包合同、运营服务合同、原料供应合同、产品采购合同和保险合同等。项目合同是其中最核心的法律文件。

整。当然，地方政府由管理者转变成市场经济的参与者，理应享有收益分成的权利。同时，虽然在合同关系中，双方为平等的民事法律主体，但地方政府部门作为基础设施的监管者，是重要的权力部门，应当有效发挥政府管理职能，保障公民权益，这是由公共部门在PPP投资模式中的客观属性所决定的。

（二）社会资本主体分析

PPP模式的项目目标就是吸引社会资本参与项目，实现资源最优配置，以相对低的价格成本提供尽可能高质量的公共产品和服务，因此对社会资本的理解不能过于狭隘。本书认为社会资本方包含与地方政府部门签订PPP项目合同的所有符合法律规定的社会资本和投资方专门成立的投资联合体或项目公司。

1. 社会资本

社会资本是指依法设立，建立现代企业制度，且处于有效存续期间的境内外企业法人团体，包括民营企业、国有企业、外国企业和外商投资企业，具有法人资格的基金组织或其他财团法人也应包含在内。对于理论界中有关国有企业是否可以作为社会资本参与PPP项目的争议，本书认为判断某社会资本是否属于PPP模式中的社会资本，要看该社会资本是否属于地方政府财政资金。

2014年财政部印发的《操作指南》明确指出："社会资本"是指已经建立现代企业制度的境内外企业法人，但不包括本级地方政府所属融资平台公司及其他控股国有企业。[①]这意味着非本级地方政府所属或控制的央企和其他地方的国企也属"社会资本"的范畴。因此，PPP模式的功能之一就是可以解决地方政府资金不足及运营能力不足的问题，而私营资本正好和公有资本实现互补。国企是独立法人，有独立的法律地位，虽其资产归国家所有，但其与地方政府之间是相互独立的，有完全的管理经营权，因此，PPP模式中的社会资本应包括私营企业、国有企业、外国企业等。

2. 投资人联合体

在PPP模式下，地方政府部门通过地方政府采购的方式选择符合要求的社会资

---

① 具体参见《操作指南》第二条：本指南所称社会资本是指已建立现代企业制度的境内外企业法人，但不包括本级地方政府所属融资平台公司及其他控股国有企业。

本，由项目合同的合约方社会资本来完成项目的设计、投融资、建设、运营、移交和维护。PPP项目具有跨领域综合性、建设周期长、投资巨大等特征，单独一个企业可能并不具备高效运作整个PPP项目的能力，这就为投资人联合体的存在提供了必要性和必然性。拥有资金、设计、建造、管理、经营等不同能力的不同社会资本方出于优势互补、资源整合的考虑，会成立投资人联合体，实现资源的优化配置，提高项目竞标竞争力。投资人联合体是发挥PPP模式的制度价值，促进项目落地的有效形式，能整合发挥PPP项目中的全部资源，降低项目成本，提高社会资本投资回报，相应地减少地方政府部门承担的风险和责任。[①]

3. 项目公司

PPP合作模式中核心的合作方之一就是社会资本方，但在其具体实施过程中，社会资本并不直接参与项目建设，而会专门针对该项目成立项目公司（Special Purpose Vehicle，SPV）[②]，作为PPP项目主体和其他主体签订项目合同，负责项目具体实施。虽然我国现有的政策法规并未对是否成立项目公司进行强制性约束，但建议参与PPP项目的地方政府和社会资本自行协商是否成立项目公司。[③]在实际操作中，绝大部分PPP项目都是通过设立项目公司这一特殊目的载体，保证PPP项目可以顺利实施。项目公司是依法设立的自主经营、自负盈亏的具有独立法人地位的经营实体，可以由社会资本出资设立，也可以由地方政府和社会资本共同出资设立。但财政部在《PPP项目合同指南（试行）》（财金〔2014〕156号，以下简称《合同指南》）中明确指出，地方政府在项目公司中的持股比例应当低于50%，且地方政府不能拥有对项目公司的实际控制权和管理权。

（三）第三方主体

PPP项目作为大型工程，具有投资大、耗时长、涉及面广和合同关系复杂等特

---

① 蒋修宝. PPP模式下的投资人联合体［J］.中国政府采购，2016（8）：59-62.

② 项目公司是为实施PPP项目这一特殊目的而设立的公司，通常作为项目建设的实施者和运营者而存在，因此也常被称作"特别目的载体"。

③ 参见《操作指南》第十一条：项目公司股权情况主要明确是否要设立项目公司以及公司股权结构。第二十三条：社会资本可依法设立项目公司。地方政府可指定相关机构依法参股项目公司。项目实施机构和财政部门（政府和社会资本合作中心）应监督社会资本按照采购文件和项目合同约定，按时足额出资设立项目公司。

点，除了项目合同的两个主要主体外，还经常涉及社会的其他个体或者第三方。第三方包含承建方、材料生产企业、保险公司、咨询机构等部门。每一个运行环节都需要各个部门的共同协作。在可预测的项目风险中，虽然第三方所造成的损失并不是非常明显，或者说由于第三方的原因导致项目失败的案例比较少，但是一旦第三方出现违约或者延误的行为，将影响整个项目的进展。

（四）PPP模式各主体的地位与PPP运作流程

1. PPP模式各主体的地位

如图1-3所示，本书认为在PPP模式下的三大主体——社会资本、地方政府部门和第三方机构没有等级之分，在合同协议中平等参与，根据权利义务对等原则，各自承担相应的责任，确保公平，从而促进各方追求PPP项目合作的利益最大化。

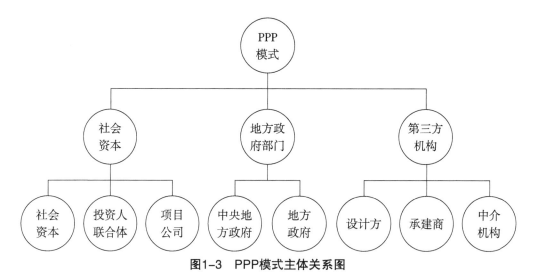

图1-3 PPP模式主体关系图

注：本书所展示图表除有标注具体来源外，均为本人在阅读相关文献，对PPP模式的运作有了理解后，根据知识梳理制作完成。

2. PPP项目运作流程

如图1-4所示，PPP模式的运作流程是指地方政府或私营资本在开展PPP项目的合作过程中，按照项目可能涉及的阶段及主要事项进行一个时间段的划分。目前理论界认可的关于PPP项目运作流程划分的主要规范性文件是财政部制定的《操作指南》，根据其规定，PPP模式的运作流程大体可以分为项目识别、项目准备、项目采购、项目执行和项目移交五个阶段。具体来说，每一个阶段又包含不同的步骤。

项目识别阶段主要是从备选企业中选出具有运营能力的公司进行合作，对其抗风险能力进行评估；项目准备阶段主要包括组建管理架构、编制实施方案、审核实施方案三个内容；项目采购阶段主要包括资格预审、编制采购文件、评审相应文件、谈判与签署合同四个方面内容；项目执行阶段主要包括成立项目公司、资金融资管理、绩效检测与支付、中期评估四个方面内容；项目移交阶段主要包括项目移交准备、性能测试、项目资产交割和绩效评价四个方面内容。在整个PPP项目运作中，流程非常复杂，涉及税收、土地、保险等多部门多方面内容，当然产生的法律风险也多。本书根据研究对象，对PPP模式的运作流程进行简化处理，只对PPP模式运行中最常见的投资风险进行法律分析。

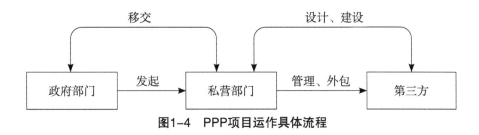

图1-4　PPP项目运作具体流程

二、PPP项目主要参与主体的权责配置

（一）地方政府部门的职责与权力

在PPP项目中（见图1-5），地方政府部门的身份是项目发起人，主要职责包括四个方面：对PPP项目进行识别和评估；通过法律法规规定的标准和方式选择合适的社会资本；通过设立项目公司等方式与社会资本进行合作，提供相应的支持和帮助，履行约定的义务；对社会资本进行有效监督。

地方政府在招标选择社会资本的时候，以特许经营权吸引优秀的社会资本与其合作；在项目进行过程中，地方政府又担任监督者，监督管理整个项目的运行，对项目组织的建设经营进行行政监督；在PPP项目完成并投入使用时，对使用者有着收取行政费用的权力。

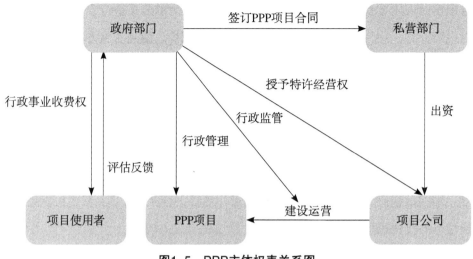

图1-5　PPP主体权责关系图

（二）社会资本的职责和权利

在PPP项目中，社会资本的职责和权利包括：根据PPP项目合同的规定对PPP项目的建设进行投资，设立项目公司，为PPP项目提供资金和技术支持；对PPP项目进行建设或提供产品和服务；项目公司承担项目下的各类风险，为地方政府和社会资本减少风险负担；为项目提供充分的产品供应以及跟进各项工作进程；项目完成后，将PPP项目的经营权或者所有权转交给地方政府部门；对完成的PPP项目进行运营，获取收益；对PPP项目的成果进行检测，并向地方政府部门反馈检测结果。

其中，项目公司在PPP项目中获得特许经营权，对该项目拥有自主经营权和独立管理权。同时，在与地方政府的合作之中，项目公司因为有地方政府部门的信用担保，贷款更加方便快捷。除此之外，社会资本与地方政府合作也提高了项目公司的信誉度，提高了项目公司的竞争力，使项目公司在PPP项目的实施过程中获得更多的有利因素。

（三）第三方主体的职责和权利

在项目实施中，第三方主体的主要职责是按照项目子合同的约定，履行合同义务，按时按质提供项目建设所需的产品和服务，产生争议时及时与项目主管部门沟通。第三方主体也有权利按照合同约定，要求项目主管部门按时给付款项，及时收货，按约验收。

三、PPP项目经营主体的法律关系

目前，很多国家都大力推行PPP模式，相应地，各国有关PPP立法、PPP管理的机构发展也很迅速。我国也不例外，从我国现在所进行的大量PPP实践项目可以看出，PPP模式在我国的发展也是突飞猛进。

下面以北京地铁4号线项目的PPP模式案例来加以说明。北京地铁4号线在实施过程中，以给予特许经营权的方式吸引更多的私营部门进行投资。这个工程总建设内容分为A、B两部分。北京市地铁投资有限责任公司负责A部分洞体、车站等土建工程；特许经营公司通过私人投资筹集、募集，并负责B部分（包括车辆、通信、信号、电源、监控、暖通空调、自动售货、售票系统、车辆库和停车场机电设备）。特许经营期限届满后，特许经营公司将项目资产全部无偿转让给指定的地方政府部门和四家公司。

在此案例中，PPP项目的主要参与主体为地方政府部门和社会资本。一般地方政府部门和社会资本的权利和义务体现在双方签订的协议中，具体内容因项目的不同而不同。通常情况下，地方政府部门是主导方，享有行政特权，社会资本则只有民事权利，而PPP模式法律关系是由共同的民事合同决定的。地方政府将此项目分为公益性与营利性两部分，盈利的部分通过特许经营权授予社会资本。在PPP项目实施期间，社会资本拥有北京地铁4号线的经营权和使用权，而地方政府部门拥有所有权，且最终整个项目会转交给地方政府。

（一）PPP项目的责任承担主体及其法律关系分析

法律关系的主体，是指在法律关系中享有权利和履行义务的主体。在PPP模式中，存在地方政府方、社会资本方和其他利益相关者三类法律主体。[①]其他利益相关者包括公共服务的消费者、公共设施的建造者、运营产品或服务的供应商和融资的提供者等。

1. 地方政府部门

地方政府在PPP项目的法律地位和责任承担主要体现在其三重角色定位上，在

---

① 湛中乐，刘书燃. PPP协议中的法律问题辨析［J］.法学，2007（3）：61-70.

项目中，地方政府需同时扮演公共事务的管理者和公共产品或服务的购买者的角色，同时还承担项目的监管者的角色。作为项目的发起人，地方政府部门的主要责任包括对PPP项目进行识别和评估、选择合适的社会资本、与社会资本合作设立项目公司以及对社会资本的规范运营进行监督。

第一，地方政府作为公共事务的管理者承担项目的规划、采购、管理、监督等行政管理职能，并在行使行政管理职能时与项目公司（或社会资本）形成行政法律关系。地方政府作为PPP项目规则的制定者和执行者，应先制定一个既可吸引社会资本又能实现公共利益的透明、公开的PPP政策规章。在签订项目合同后，地方政府需要通过各种行政管理手段来执行其中的规定，履行地方政府公共服务的职能。

第二，地方政府是公共服务或产品的提供者，也是公共服务或产品的购买者，地方政府基于项目合同与项目公司或社会资本形成平等的民事主体关系。在PPP项目中，地方政府作为提供者时需要体现公共利益的最大化，给公众提供质优价廉的产品和服务，并承担相应的项目风险。当地方政府将公共服务和产品的生产职能转移给社会资本后，地方政府的角色就转换成公共服务和产品的购买者。作为市场机制下的平等主体，地方政府部门必须遵守协议约定，秉承诚信的原则，承担合同规定的相关责任，同时享有相关权利。

第三，地方政府是公共利益的协调者和项目经营的监管者。PPP项目投资大，周期长，涉及面广，法律关系也很复杂。在项目进程中，各市场主体可能会因各种因素产生利益冲突或者出现法律争议，此时地方政府就有协调各方利益的优势和责任，以促使项目成功实施。如在PPP项目用地的取得中，地方政府在征用土地方面就可以发挥优势，协调各方达成一致意见。另外，PPP项目在推进中首先要满足公共利益的需求，同时也要满足社会资本的投资回报需求，这时就要求地方政府转变职能，扮演与提供公共服务和产品的职能责任相匹配的项目经营的监管者角色。[①]

2. 社会资本方

社会资本方作为与地方政府签署PPP项目协议的主要参与对象，法律地位与地方政府平等，双方享有平等的民事法律权利。社会资本在PPP项目中主要负责PPP

---

① 余辉，秦虹. 公私合作制的中国实验［M］. 上海：上海人民出版社，2005：199.

项目的设计、建设、融资、运营、移交等一系列内容，履行合同中的义务，为其他利益相关者（如消费者）提供项目内容的服务，同时收取一定的费用，实现回本获利。因此，地方政府和社会资本这两个主体围绕PPP项目合同形成了一个运转的闭环，体现了PPP项目合同主体之间共同合作、共享利益、风险共担三大特征，其法律关系如图1-6。

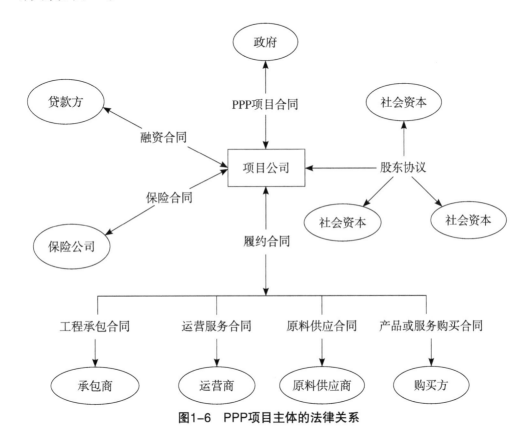

图1-6　PPP项目主体的法律关系

因此，在PPP项目合同中，社会资本方的法律地位与地方政府部门平等，享有平等的民事法律权利。社会资本按合同履行融资、建设、设立项目公司、运营管理、承担相应的市场风险、管理风险等义务，并有获得投资回报的权利。社会资本与地方政府签订的项目合同是整个PPP合同体系的主合同，项目进程中的其他合同都不能脱离主合同而独立存在。

3. 项目公司

在PPP模式中，项目公司作为投资方的受托人，是项目的实施主体，也是项目的实际投资人。作为PPP项目主合同的签订主体，享有项目合同权利，履行项目合同义务。在PPP模式中，项目公司的责任承担及法律关系主要体现在两方面。

一是在PPP项目的外部法律关系中，项目公司以实施主体的身份参与市场竞争，经营管理项目，与其他参与方产生不同的民事法律关系。项目公司运营PPP项目时需要与不同的参与方签订合同，如与原料供应商签订原料提供合同，与工程承包商签订工程承包合同，与专业运营商签订运营合同，针对项目面临的各项风险向保险公司进行投保，与保险公司存在保险代理合同关系等，在此过程中形成的民事法律后果都由项目公司承担。

二是在PPP项目中存在的内部法律关系。首先，项目公司是投资方设立的，作为项目的实施主体，投资方与地方政府之间存在PPP项目主合同关系；其次，一般情况下地方政府与社会资本投资方都是项目公司的股东，两者之间通过股权协议建立长期、有法律约束力的合约关系。项目投资人订立股东协议的主要目的就是设立项目公司，由项目公司负责项目的建设、运营和管理，因此项目公司的股东会对项目的建设和运营行使一定的管理权。在某些情况下，为了更直接地参与项目的重大决策，掌握项目实施情况，地方政府也可能通过直接参股的方式成为项目公司的股东，但地方政府不能在项目公司中具有控股权和直接经营管理权。在这种情况下，地方政府与其他股东相同，享有作为股东的基本权益，同时也需要履行股东的相关义务，并承担相应的项目风险。另外，地方政府参与项目公司能从根本上保障社会公共利益。PPP项目大多是建设周期极长的项目，在项目后期，有可能会发生资本方运营出现困难，导致被动退出项目的情况，如因社会资本方的股权被法院强制执行或其他原因而被迫转让等。根据《中华人民共和国公司法》的相关规定，此时地方政府因持有项目公司的股权而享有优先受让的股东权利。因此，相比其他方购买股权对公共利益可能产生不利的影响，地方政府方行使股权的优先受让权会更有利于对项目进行管控，确保项目顺利运营，实现对公共利益的保护。[①]

因而，项目公司作为社会资本方，是实际的投资人和融资方，在签订PPP协议后按照合同要求提供公共产品或者服务，通过PPP项目运营获取收益或者向地方政府部门收回成本。在面临项目风险时，项目公司虽然并非风险的引起者，但任何一个项目的成功都与该企业的运作及对市场变化的灵活应对紧密相关。PPP项目合作

---

① 谭静，翟盼盼. 国内PPP立法分析［M］.北京：中国财政经济出版社，2017：103.

过程中，项目公司需要对风险和效益进行充分的评估与预测，参与商讨制定风险的分担机制。项目公司享有PPP项目经营的自主权和收益权，受地方政府和公众监督并履行相关合同义务。

综上，在PPP模式中，地方政府方、社会资本方和其他利益相关者三类法律主体在法律地位上平等，双方或多方处于不同的合同关系中。[①]首先，地方政府和项目公司签订PPP项目合同，授予项目公司特许经营权等权利。其次，项目公司与贷款方签订融资合同进行融资，与股东签订协议融入社会资本，与保险公司签订保险合同以保证项目的政策建设和运营，与承包商、运营商、原材料供应商、购买方等签订相关合同，推动项目顺利进行。项目完工后，按照合同规定，由项目公司代替地方政府运营或移交地方政府运营。

（二）PPP模式法律关系的复杂性

虽然PPP模式的主要参与主体是地方政府与社会资本，但是PPP项目时间长、参与方多，导致当中的法律关系错综复杂。

地方政府部门通常是PPP项目的发起人，需要对项目进行详细分析，包括财政可行性分析、项目实践分析、环保分析等，组织招投标，选择具有运营和风险承担能力的企业进行合作，同时给予其相应的经营特权，在资金方面给予一定程度的补助或给予一些优惠政策等。

社会资本通常与地方政府部门合作进行PPP项目，成立PPP项目公司。社会资本在收到公共部门的招标邀请之后广泛收集相关工程信息，成立专门的组织向招标部门递交投标申请资料。

项目公司是项目的实施者，负责投标与谈判及获得建设和经营项目的特许权，负责项目从融资直至项目最后移交的全过程运作，项目特许期结束，经营权或所有权转移时，PPP项目公司清算并解散。

其他参与主体（如金融机构、咨询公司、保险公司、运营公司等）作为第三方，都在PPP模式运作过程中发挥重要的作用。

---

① 湛中乐，刘书燃. PPP协议中的法律问题辨析［J］.法学，2007（3）：61-70.

（三）PPP项目中主体法律关系的社会评价

虽说地方政府部门与社会资本的法律关系在PPP合同关系中已经明确，但在某些方面还是存在不足。比如在融资方面，地方政府部门处于主动地位，对PPP项目推广比较积极，而社会资本方相对比较被动，对许多公益类项目的投资持犹豫态度，城市医疗、养老以及教育的PPP项目更是鲜有人问津。为了推动我国公共事业的发展，可以在制度设计层面上给予社会资本方更多便利来吸引社会资本参与到PPP项目中来。

在PPP模式中，尚未有特定的法律来规范PPP合同中各项条款的内容，因此在实际实施的过程中，地方政府与社会资本达成一致协议的签约过程可能稍显复杂，双方对彼此的信任度相对较低。虽然地方政府给与了社会资本特许经营权，但也可能出现社会资本滥用特许经营权做出不符合法律规定和合同约定的事情的情况，如倒卖物品、任意提高特殊物品价格博取高收益、在PPP工程中偷工减料等。为避免以上情况，地方政府需要对社会资本进行监督，但若没有把握好监督管理的限度，就有可能影响PPP项目公司正常的运营管理。因此本书建议，在达成一个PPP项目的同时成立一个PPP项目小组，由固定的人员进行监督，这些人员需要对项目进行多方面的监督与考核。此外，社会资本应定期向地方政府部门进行报告，让地方政府更加了解整个项目的进展。

（四）PPP项目主体法律关系结论

第一，PPP法律关系中合同自由并没有受到限制。在地方政府招标的过程中，地方政府以授予特许经营权的方式吸引社会资本参与投标，社会资本自主选择，根据自身能力决定是否投标，因此PPP项目合作关系的达成是地方政府和社会资本双向选择的结果，没有违背合同自由。

第二，PPP法律关系中地方政府部门与社会资本的法律地位平等。PPP是地方政府部门将整个项目的实施过程外包给社会资本，与一般外包项目相同。但PPP项目公益性优先，因此授予社会资本特许经营权和地方政府部门的行政优先权是特许协议必须明确规定的内容。PPP协议中地方政府部门的行政权力在项目合同中体现，其权力来源仍是民事关系的协议，所以在项目合作过程中，公共部门和私营组织享有同等的民事权利。此外，地方政府部门的行政优先权由合同确认，以合同权利的形式体现，并没有按照普通具体行政行为的实施程序执行，反映了双方的平等关系。

综上，PPP法律关系是带有行政因素的民事法律关系，PPP项目合同本质上是带有行政因素的民事合同。此结论对PPP模式中政府部门和社会资本的权责利配置有如下意义：一是在PPP模式中，地方政府部门和社会资本的权利义务配置要在民事合同框架下进行，以项目合同权利义务条款的形式出现；二是在PPP法律关系中，对地方政府部门行政优先权进行限制是项目合同双方权利义务分配的重要内容，通过具体的合同条款对行政优先权的滥用进行限制具有现实的可行性。

PPP模式的制度现状分析

一、PPP模式的立法现状

改革开放以来，我国的现代化建设不断发展，PPP模式迅速走进中国市场。2003年PPP模式遇到了发展瓶颈，相关的法律和管理经验跟不上项目急剧增加的步伐，失败项目频频出现，PPP模式开始由快速发展阶段转入停滞阶段。从2013年开始，为加快推进地方基础设施的建设，国家不断出台PPP模式相关政策文件，PPP模式又开始受到各界的青睐。为贯彻落实党中央、国务院决策部署，进一步推动PPP模式规范发展，财政部于2022年11月11日发布《关于进一步推动政府和社会资本合作（PPP）规范发展、阳光运行的通知》（财金〔2022〕119号）。全国各省市纷纷转发并着手制定符合当地经济发展的相应政策。这为PPP项目的健康有序发展创造了良好的立法环境。

但由于PPP项目工程量和投资额巨大，项目风险直接影响运营项目收益，PPP模式风险的法律问题成为地方政府和私营部门在PPP项目合作中必须要面对和解决的问题。

（一）国内PPP模式的发展现状

从20世纪80年代开始，地方政府独自提供大型基础设施和公共服务的能力日益难以满足经济发展需求，地方政府开始探索与私人投资者合作建设基础设施，从1984年到1993年政府和社会资本合作的探索阶段起算，PPP模式在国内发展至今已经接近40年。原中华人民共和国国家计划委员会（后更名为中华人民共和国国家发展和改革委员会）引进真正的BOT模式的历史则可以追溯到1994年。1995年至1996年，广西来宾电厂某厂BOT项目和成都自来水六厂BOT项目的成功，引领了以BOT为主流的早期PPP发展。2017年11月，财政部副部长在第三届中国PPP融资论坛上发言，强调"推动我国企业以PPP模式走出去，支持一带一路发展"。2018年3月以来，多省出台相关政策推动PPP模式规范发展，为吸引社会资本投资我国PPP项目提供了充分的政策支持。

从财政部PPP中心2020年发布的调查报告可以看出，到2020年1月，PPP项目落地率为67.8%；累计开工项目3 760个，投资额约为5.7万亿元，开工率达58.7%。①从这一官方数据可见，市场对PPP项目的关注度日渐扩大，民间资本参与率提高，项目落地率相比2019年大幅度提高。但同时，由于PPP项目建设周期长、相关制度不健全、项目主体信用机制缺失、合同关系复杂、运营水平有限等因素的存在，PPP项目在推进中会面临各种类型的投资风险。其中，市场风险、运营风险、政策风险和违约风险是实践中项目容易出现的大类风险，可以通过努力建构风险分担机制和预防机制来避免或降低。

（二）国内PPP模式的政策与立法

1. 改革开放初期阶段立法情况

改革开放初期出台的有关PPP项目的政策主要是为了吸引外商投资建设，发展境内外资投资企业，使中国经济对外全面健康发展，如1986年国务院出台的《关于鼓励外商投资的规定》，1995年对外贸易经济合作部出台的《关于以BOT方式吸收外商投资有关问题的通知》等。此阶段的立法虽然不能算是国家关于PPP模式的直接相关立法，但是这时期的政策规定对吸引外资、开创PPP模式的立法探索起到了积极作用，促进外资逐渐参与到我国各行业的投资建设中，产生了我国的第一个BOT项目——深圳沙角B电厂项目。其他有代表性的项目还包括广州白天鹅宾馆和北京国际饭店等。

2. 21世纪初立法状况

2003年通过的《关于完善社会主义市场经济体制若干问题的决定》提出，允

---

① 财政部PPP中心. 全国PPP综合信息平台项目管理库2020年报［EB/OL］.［2020-05-26］. https://www.chinappp.cn/newscenter/newsdetail_16446.html.

许非公有资本进入法律未明文禁止的基础设施、公用事业和其他领域。2005年国务院出台的《国务院关于鼓励支持和引导个体私营等非公有制经济发展的若干意见》（国发〔2005〕3号）中放宽了非公有制市场准入的条件，再次提出"允许非公有资本进入公用事业和基础设施建设领域"。这个规定实际上为PPP的发展提供了政策基础，起到了推进投资主体多元化，鼓励社会投资方与地方政府方加强合作，共同建设社会主义经济的作用。此时PPP模式不再局限于改革开放初期的外商投资，加强了本国国民投资的力度，鼓励社会资本共同建设国家公共产品，加快了PPP模式现代化进程的脚步。

受2008年金融危机的影响，我国实行四万亿刺激经济增长计划，政府投资融资平台以政府作保障，社会资本难以参与竞争，此时PPP模式经历了短暂的停滞阶段。2010年，PPP模式的相关政策得到了进一步的发展，《国务院关于鼓励和引导民间投资健康发展的若干意见》（国发〔2010〕13号）出台，进一步拓宽了民间投资的领域和范围，鼓励和引导民间资本进入基础产业和基础设施领域，对地方政府的投资范围也进行了明确的界定。这个阶段的政策进一步鼓励和引导民间投资，为PPP模式的发展建立起了公平竞争的市场环境。在这一阶段中，PPP模式从小规模试点到推广试点到短暂停滞再到重新被重视，产生了诸如北京"鸟巢"国家体育场、北京第十水厂、北京高安屯垃圾焚烧发电厂等代表性PPP项目。

3. 现阶段立法情况

2013年至今，我国PPP模式处于新一轮的发展热潮阶段，PPP相关立法进程不断推进，国务院、国家发展改革委、财政部、住房和城乡建设部等各部委相继颁布PPP相关政策文件，对PPP的概念、主体范围、运作模式、合同示范、风险监管等逐步进行了规范，使我国PPP模式的推进进入规范化和法制化的轨道。[1]但是现阶段的立法也存在一些问题。

（1）立法层级效力还有待提高

由于PPP模式稳投资促增长功能的体现，PPP模式的推广被重新提上议程。然而，PPP模式的立法现状是缺乏上位法的支持，目前我国并没有专门针对PPP项目的国家级层面立法，法律层面仅有新修订的《中华人民共和国预算法》作支撑，另有

---

① 谭静，翟盼盼. 国内PPP立法分析［M］.北京：中国财政经济出版社，2017：5-6.

与PPP模式运作关系比较密切的《中华人民共和国招标投标法》和《中华人民共和国地方政府采购法》。其中法律层级较高且运用非常广泛的是由国家发展改革委、财政部、住建部等部门联合颁布的部门规章《基础设施和公用事业特许经营管理办法》，其主要明确了特许经营的范围、主体、程序、投融资、财政补贴等内容，对厘清项目各方责任、保证合同顺利实行提供了制度保障。

（2）政策密集出台，多头监管

从2013年开始，我国密集出台各项关于推进PPP模式的部门规章和政策文件，这些政策文件对PPP模式的主体范围、法律关系、责任权利等进行了一定的界定和划分，对PPP模式的合同示范、合规管理、运营监管、风险防范等方面起到较强的指引作用，但对于PPP模式运行能否成功起关键作用的项目风险承担和利益获取的方式并没有明确，且因政出多门，造成多头监管，不利于PPP模式的有序健康发展。

直接规定PPP模式操作流程的有财政部制定的《操作指南》，其明确指出社会资本不包括本级地方政府所属融资平台公司及其他控股国有企业，明确了PPP模式的主体范围。对PPP模式的运行做出具体指导意见的有《国家发展改革委员会关于开展政府和社会资本合作的指导意见》（发改投资〔2014〕2724号）。《指导意见》的主要内容包括：各地可根据地方实际和项目特点，通过授予特许经营权、地方政府补贴或购买服务等措施，灵活运用PPP多种模式，提高项目的运作效率。对PPP项目的合同编制工作作出指引的政策文件有国家发展改革委根据《国务院关于创新重点领域投融资机制鼓励社会投资的指导意见》（国发〔2014〕60号）有关要求而编制的《政府和社会资本合作项目通用合同指南（2014年版）》（以下简称《通用合同指南》），以及财政部编制的《合同指南》。这两个合同指南侧重点不同，但内容上存在很多重复的地方，对PPP合同的管理工作设置了相应的规范，为PPP项目合同标准提供了可参考的示范，加快了PPP模式的推广运用。

关于PPP的政策规定还有《国务院关于加强城市基础设施建设的意见》和我国财政部于2022年11月11日发布的《关于进一步推动政府和社会资本合作（PPP）规范发展、阳光运行的通知》等，这些法律和政策构成我国目前PPP模式运营的法律保障。可见，随着PPP模式近几年来在我国的发展，有关PPP模式的政策也渐渐落到实处，国家出台相关政策，地方政府推行试点，各省市积极响应。表1-1列出了部分国家层面和地方政府关于PPP项目运作的政策文件，可以看出我国对PPP模式的推进及其立法是非常积极的。

表1-1　我国2015—2018年关于PPP项目的部分政策

政策级别	政策名称
国家政策	《国务院办公厅关于进一步做好民间投资有关工作的通知》（国办发明电〔2016〕12号）
	《基础设施和公共服务领域政府和社会资本合作条例》（征求意见稿）
	《国务院办公厅关于进一步激发民间有效投资活力促进经济持续健康发展的指导意见》（国办发〔2017〕79号）
部委政策	《财政部关于印发〈政府和社会资本合作（PPP）综合信息平台信息公开管理暂行办法〉的通知》（财金〔2017〕1号）
	《发展改革委关于鼓励民间资本参与政府和社会资本合作（PPP）项目的指导意见》（发改投资〔2017〕2059号）
	《财政部关于进一步加强政府和社会资本合作（PPP）示范项目规范管理的通知》（财金〔2018〕54号）
地方政策	《山东省财政厅关于印发〈山东省政府和社会资本合作（PPP）发展基金实施办法〉的通知》（鲁财预〔2015〕45号）
	《北京市财政局关于印发〈北京市推广政府和社会资本合作（PPP）模式奖补资金管理办法〉的通知》（京财经二〔2016〕510号）
	《甘肃省人民地方政府办公厅关于印发〈甘肃省省级PPP项目引导资金管理办法〉的通知》（甘政办发〔2017〕133号）

资料来源：根据国家发展改革委、财政部网站公布的资料及地方政府官网发布的信息整理，汇集制成本表格。

然而，PPP政策密集发布，也产生了新的问题。多个部门分别颁布符合本部门领域和特色的PPP操作指南、指导意见及各类通知文件等，由于缺乏协调，具体条款既有重复又有差异，在具体操作上让地方政府部门和PPP项目的实施者无所适从。PPP项目的监督部门主要包括财政部、发展和改革委员会、生态环境部、住房和城乡建设部、交通运输部等，部门之间如何建立有效的协作机制以确保相关政策有效衔接，如何实现各自监管和联动监管的完美结合也是待解决的问题。

（3）政策与现行法规之间并不完全协调统一

我国出台了很多PPP相关政策文件，包括各部委发布的以及全国各地地方政府根据国务院、财政部、国家发展改革委的文件精神制定的PPP政策文件，但这些政策文件还需要进一步完善，文件中部分内容还与现行法规存在一定冲突，政策文件之间内容也有重复或差异。例如，对PPP的决策和立法具有主导权的国家发展改革委和财政部分别制定了关于政府和社会资本合作的"合同指南"，包括特许经营管理办法、PPP法草案及其他多项关于PPP项目实行的政策文件、通知意见等。比如《中华人民共和国行政诉讼法》及其司法解释将特许经营协议认定为行政协议，这与PPP模式认定的平等主体之间的关系存在矛盾。又如PPP项目采购究竟是属民法的规制领域，还是属《中华人民共和国地方政府采购法》的规制领域，是否受到《中华人民共和国招标投标法》的规范。再如，PPP是一个地方政府参与的复杂的合同体系，PPP项目合同属性的矛盾争议直接导致了救济措施和诉讼程序的冲突。

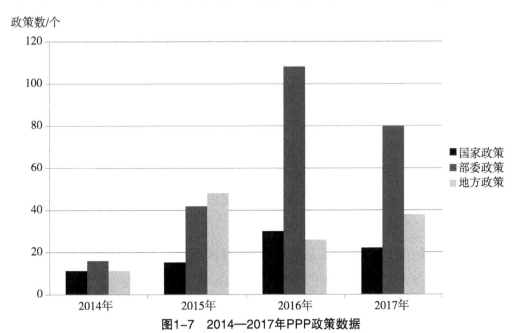

图1-7　2014—2017年PPP政策数据

注：根据财政部政府和社会资本合作中心公布的资料整理、汇集。

目前虽有多个政策文件指导PPP模式的推行和实践，但专门针对PPP项目的国家级层面立法还未形成。我国与PPP模式相关的法律规制主要包括《中华人民共和国民法典》（合同编）、《中华人民共和国预算法》以及《中华人民共和国政府采购法》等，部门规章主要有《基础设施和公用事业特许经营管理办法》和《关于推广运用政府和社会资本合作模式有关问题的通知》等。因此，PPP在我国还缺乏全国范围内统一的、配套的法律保障体系。我国应加快PPP立法程序，结合我国的具体实际，以宪法为基准，设立公用事业特许权法和PPP单项特殊立法。也可以以中型项目作为补充，完善关于PPP的地方法规和行业法、公司法等法律法规，并将其体系化，建立以PPP单独立法为基础，其他政策文件作为法律制度补充的PPP实践指导制度，以利于地方政府与社会资本合作PPP项目的创新与发展。

二、PPP模式的规制理论

（一）PPP规制的基本理论

"规制"一词来源于英文"Regulation"，是指地方政府根据相应的规则对微观主体的行为实施的一种干预，是公共政策和公共管理的一种形式，也是指地方政府出台或者设置一定的"规定"对社会特定现象进行限制。规制是社会管理的方式，其作为具体的制度安排，是地方政府对经济行为的管理或约束，是地方政府在市场经济体制下为达到"矫正和改善市场机制的内在问题"这一目的而作出的干预经济主体活动的行为。按照经济学原理，规制可分为经济规制和社会规制。经济规制是指地方政府通过法律权限授予符合条件的特定主体特许经营权或许可证，允许企业、个人或其他经济实体从事商业活动，在这个过程中可以批准投资决策，执行保险、控制价格和安全权规则等。社会规制是指地方政府通过法律法规等手段保护在政治、经济中处于弱势地位的经济实体。

规制的目的是维护社会的良好秩序，实现经济健康增长和经济可持续发展。规制通常发生于当立法者相信市场失灵发生的时候，包含地方政府为克服广义市场失灵现象而制定的法律制度以及以法律为基础的对微观经济活动进行某种干预、限制或约束的一切行为，具体可包括法律法规、政策、合同、各类监管等。而对PPP模式的规制则因PPP的特性涉及错综纷杂的地方政府、社会、市场和企业的各种关系调整，还涉及公共利益和社会资本投资回报的矛盾关系等。[①]因此，要对复杂的PPP

---

① 喻文光. PPP规制中的立法问题研究：基于法政策学的视角［J］. 当代法学，2016，30（2）：77–91.

模式进行规制，就要采取多元化的规制手段，选取最能实现规制目标及项目目标的规制工具。在本书看来，根据PPP特性，可以从立法、政策、合同、监管四个方面对PPP模式进行分阶段有效规制。

第一，PPP立法能够为PPP模式的运作提供一个清晰、明确、具有权威性及执行力的法律框架，能够为社会资本的权益保驾护航，提升地方政府公信力，降低风险。[①]PPP地方政府规制的立法可分为三类，即PPP的一般法、特许权法和PPP促进法。

第二，除法律之外，PPP政策及其相关文件作为规制手段的作用不可忽视，因为法律具有滞后性和抽象性，而PPP模式的创新性和导向性决定了其运作需要灵活的政策来加以调整。[②]我国目前针对PPP模式的规制已经出台很多政策，这些PPP政策的规制目标都是为了吸引社会资本，促进PPP项目的落实。

第三，要充分运用PPP项目合同。PPP项目合同是操作性很强的规制工具，项目合同对PPP模式的运作具有规制作用。PPP模式中包含复杂的合同体系，涉及多方主体的不同利益诉求、各类风险的合理分担、各方主体的权利义务等，这些都需要在明确的合同框架中予以规定。

第四，地方政府对PPP的监管以及独立监管机构对PPP模式的特殊监管也是PPP规制的重要方面。因PPP项目具有投资周期长、运营风险多等特征，需要对PPP项目的全周期进行合法合规的监管。地方政府作为投资方之一，有权对PPP模式的运作进行监督和管理，发现问题及时提出建议和意见进行调整，防止PPP项目的风险扩大化，提高PPP项目的成功率。

总之，PPP模式的运行，从立法层面到政策、合同、监管手段的具体规制，都需要遵循一个详细、具体、操作性强的PPP规制体系。

（二）PPP模式的立法规制完善问题

我国一方面制定了相关法规，另一方面又通过发展指导的政策方式引导公私合

---

① 喻文光. PPP规制中的立法问题研究：基于法政策学的视角［J］. 当代法学，2016，30（2）：77–91.

② 喻文光. PPP规制中的立法问题研究：基于法政策学的视角［J］. 当代法学，2016，30（2）：77–91.

作，形成以专项法规为主、发展指导为辅的立法规制。2014年以来，各部委共颁布了29部规范性规章，这些规章制度将地方政府可承受能力细化，而且将项目支出纳入年度财务预算和中期财政计划。政策文件等对PPP模式推行的要求进行了细化，虽然弥补了我国PPP立法顶层设计缺失的问题，却也因政出多门，产生与现行法规冲突、政策之间矛盾或重复的问题。

我国作为法治国家，通过立法来规制PPP投资模式是基本的规制方法之一，其为PPP模式提供权威条文解释，保护PPP项目双方合法利益，树立地方政府威信的必要性和重要性不言而喻。面对PPP投资模式的复杂性，从立法模式的角度看有三种：第一种是个案立法，也就是针对某些领域进行立法；第二种是通案立法，即对PPP投资模式进行一般性立法；第三种是没有统一或专门的PPP立法，但是通过公共采购法、招标法等从程序角度对PPP进行法律规制。[①]

总之，在完善PPP模式立法的过程中，要根据中国国情，采用理论与实际需求相符合的立法模式，建立一套关于PPP投资模式更完善的立法体系，规范公共部门与私营部门的合作，指引PPP项目依法顺利地开展。

（三）PPP模式面临的主要风险及其规避

PPP模式的主要风险为融资风险、经营风险、市场风险、政策风险、违约风险等。[②]下面主要针对本书重点探讨的四类风险及其规避方式进行阐述。

第一种是经营风险。此类风险有一定的可预见性和可控制性。PPP项目运作相关风险包括开发阶段项目投标人因竞标失败而承担期间费用的风险，运营阶段可能产生的不可抗力风险，因市场需求变动或经营管理不善造成项目亏损的风险等。[③]经营风险关系到整个项目是否能使双方获得预期的利益，经营规划处理不好可能导致整个项目失败。除适用相关政策规制外，还可以重点运用项目合同来约定权利义务，规避风险。

第二种是市场风险。在经济学上，市场风险是指产品或服务的价格及供需变化

---

① 喻文光. PPP规制中的立法问题研究：基于法政策学的视角［J］. 当代法学，2016，30（2）：77–91.

② 孙南申. PPP模式投资风险的法律规制［J］. 国际商务研究，2018，39（3）：12–24.

③ 孙南申. PPP模式投资风险的法律规制［J］. 国际商务研究，2018，39（3）：12–24.

所带来的风险，如PPP项目中能源、原材料、项目设施配件等物资的供应是否充足稳定，项目建成后服务价格的变化等带来的风险。学者柯永建在PPP项目风险分担的研究中按层级把风险归为三个类型，即市场级风险、国家级风险和项目级风险，市场层级风险特指在全球或者某一特定区域国家内的经济市场、建筑市场和PPP项目所在的行业市场中存在的潜在风险。[1]另有学者认为，PPP项目中市场风险应包括企业在某个市场中具备的技术优劣势、市场资源的稀缺程度、市场规则的复杂性以及政策对该产业的态度等。[2]本书以此为基础，把在整个PPP项目运营期中的市场活动所产生的或潜在的风险因素作为市场风险的定义归类，针对我国PPP市场特性，将市场风险定义为PPP项目建设过程中各主体在经济市场、建筑市场和PPP行业因市场需求变化而产生的各种直接或间接的类型风险。

在PPP市场风险的规避中，PPP项目的唯一性、市场需求变化、市场收益不足以及融资问题等均可能导致PPP项目失败，需要投资者和监督者给予足够的重视。面对PPP模式市场的不成熟，PPP市场法律法规的不完善，公平合理的市场风险分担和防范机制的预先建立可以作为PPP项目风险规避的一种手段的补充。

第三种是违约风险。地方政府虽然与社会资本在相应的PPP项目中签订了合同，但受各种实践因素影响，地方政府可能无法履行合同中的某些条款，从而导致项目失败。比如在关于自来水PPP项目的合同中，地方政府可能会在项目合同中作出最低购买量的合同承诺，造成项目评估过于乐观，而水的最低使用量取决于民，难以准确预估，这也会导致合同难以兑现。此外，违约风险还包括项目建设中的第三方违约。PPP项目主体除了地方政府和社会资本外，还包括与项目建设相关的第三方主体，项目合同体系主要包含项目合同、采购协议、运营服务合同、保险合同等，在整个项目推进过程中，任意一个第三方无论因何种原因违约，都会对PPP项目的顺利实施产生不利影响。

对PPP模式违约风险的规制大多是采用合同手段对风险进行预先规避，可引进咨询公司、律师提早干预合同的制定，利用项目个体信息公众平台理念保证PPP项

① 柯永建. 中国PPP项目风险公平分担［D］.北京：清华大学，2010：50-51.
② 沈际勇，王守清，强茂山. 中国BOT/PPP项目的政治风险和主权风险：案例分析［J］.华商·投资与融资，2005（1）：1-7.

目的合法运营，从而进一步规范PPP项目各主体在PPP模式市场活动中的行为，净化PPP投资市场环境，进而更好地推动PPP模式在我国健康快速发展。

第四种是政策风险。政策风险是项目发起人无法掌控的宏观因素，如国家财政政策改变、国家政策规章变动等因素造成的风险。在PPP项目运行中，国家政策一旦发生变化，将对私营部门和地方政府部门共同承担的PPP项目经营效益产生影响，所以要建立风险承担机制预估政策变化，在可预见的范围内减少政策变化所带来的消极影响。

在目前我国PPP项目的实践中，针对PPP政策风险的措施和规制工具就是我国现阶段关于PPP的政策文件、PPP合同指南以及PPP操作指南，这些文件虽然没有法律强制力，但对PPP实践有积极的保护意义和指导作用。

（四）PPP项目的监管问题

1. PPP项目监管体制不统一

在我国PPP模式中，项目监管体制不统一，政出多门，部门间联动监管机制不健全。监管体制的作用一是保证公共服务质量，维护公共利益；二是加强风险管理，维护公私双方利益；三是防止公共资产私营化、国有资产私有化。具体涉及以下三个方面：第一，严格准入条件。从资本实力、专业能力、管理能力等方面通过招标文件提出明确要求。第二，规范合同管理。通过合同对PPP项目中可能出现的各种不利情况事先规定处理原则，包括项目延期、服务变更、法律变化、所有权转移、通货膨胀、项目终止等问题。第三，加强运营监管。明确监管部门职责与监管流程，通过市场化条款，提高社会资本的项目运营能力与公共服务效率。

目前我国PPP模式监管机制尚缺乏联动监管机制和明确的监管机构与监管主体，难以对PPP政策、方针等做出权威、科学的控制与解释，也无法给PPP发展提供坚实的后盾。综上，我国PPP模式监管机制还需进一步完善。

2. 建立健全多层次监督管理体系

第一，建立健全联动监管机制，行使统筹管理和协调地方政府部门的职能。地方政府部门由于其地位的特殊性，既是项目的发起者，又是项目的执行者，拥有监督管理以及参与项目管理的职能。在实践中，PPP项目的推进涉及不同地方政府部门和不同行业，各部门根据本部门的要求和各自的行业特征发布政策，行使监督职能，但各部门间没有联动监管机制，无法协调发挥各自监管职能。为了协调各地方政府部门有效发挥各自监管职能，可以建立统筹管理机构，行使协调和规范地方政府部门的双重职能，从而保障私营部门的利益。

第二，设置专业、独立的监管机构。PPP项目的参与者包括地方政府部门和社会资本，如果仅仅由地方政府进行行政监督，将很容易造成整个监管过程偏位。因此，根据独立专业原则，地方政府在PPP项目的管理过程中应建立专业、独立的监管机构，保持与地方政府的行政管理部门和地方政府参与方之间的相对独立性，通过这个特殊的监管机构管理项目的各个过程，以确保项目能高效、顺利地进行，并管理至项目结束。通过这种方式，可以更有效地解决项目参与者之间的冲突，确保地方政府行为的公平性和公正性，同时可以使各项专门的监督管理规章和制度能够得到更加有效的施行，并可构成内外结合的监督机制。

第三，加强行业监管和社会资本第三方监管。PPP项目涉及的行业主管部门应制定相应领域的行业技术标准、公共产品或服务技术规范，加强对公共服务质量和价格的监管。建立健全地方政府、公众共同参与的综合性评价体系，建立事前设定绩效目标、事中进行绩效跟踪、事后进行绩效评价的全生命周期绩效管理机制，将地方政府付费、使用者付费与绩效评价挂钩，并将绩效评价结果作为调价的重要依据，确保实现公共利益最大化。依法充分披露项目实施相关信息，切实保障公众知情权，接受社会监督。

综上，对于PPP的监管规制，可在原有机构的基础上强化地方政府部门的PPP监管职能，从整合权力分散的相关机构的监管部门开始，增强部门间的联动机制，强化其监管职能，将监管权力真正落实到PPP监管机构中去，健全法律监管作用机制，发挥第三方监管的作用，通过市场化条款增强社会资本的项目运营实力并提高公共服务效率。[1]

三、PPP模式规制中的合同关系

众多的PPP项目类别虽然运行模式不同，但本质都是由公共部门发起的、由社

---

[1] 黄庆. PPP模式的法律特征与法律规制［D］.重庆：西南大学，2017：13-20.

会资本实施的、为大众提供公共产品和服务的项目。因此，分类方式并不影响其实行的效果。真正对公共部门和私人部门产生约束效应的是PPP项目合同。PPP项目合同规定了各方的权利和义务，为PPP项目的执行提供规范。

PPP项目合同体系是由众多合同构成的集合概念，为推行PPP项目实施的合同都属PPP项目合同体系的范畴，包括特许经营协议、保险合同等。[①]

PPP项目合同的法律性质难以界定，究其原因在于，PPP项目合同融合了公法和私法的因素。按古罗马学家的划分，公法是以保护国家（公共）利益为目的的法律，私法是以保护私人利益为目的的法律。PPP模式则同时体现了这两种法律的核心，公法与私法在对立的情况下，既要考虑如何实现公共利益，还要考虑如何保障社会资本的合理收益。我国学者对PPP模式合同的法律性质持有不同看法，本书在此只选取三种为众多学者所支持的看法进行阐述。

（一）行政合同说

行政合同指行政主体以实现行政管理为目的，与行政相对方就有关事项经协商一致达成的协议。PPP合同的本质目的是给社会公众提供更好的公共产品，行政主体与社会资本、私营企业合作只是作为完成行政管理目标的一种手段。

PPP模式下还有一种"特许经营"的类型，私营部门通过与地方政府部门协商，由项目公司经营某项市政公共事业产品，并共享项目收益，在此过程中地方政府部门授予私营企业一定的独家权利即特许经营权，这也是行政主体行使行政权力的体现。再者，PPP合同需要审批后才能生效。由此可见，地方政府的行政行为在PPP合同中占据关键部分。

地方政府不仅是PPP合同的参与者，也是PPP合同的监督者，这就与民事合同中认可的合同双方拥有平等的权利和义务相悖，私营企业与地方政府部门法律地位不平等，所以部分学者将PPP合同认定为行政合同。

2019年11月27日，最高法院公布了《最高人民法院关于审理行政协议案件若干问题的规定》，这份司法解释实际上是把PPP特许协议界定为民事合同和行政合同

---

① 参见《操作指南》第十一条：……（五）合同体系主要包括项目合同、股东合同、融资合同、工程承包合同、运营服务合同、原料供应合同、产品采购合同和保险合同等。项目合同是其中最核心的法律文件。

两种性质：凡是符合"行政机关为了实现行政管理或者公共服务目标，与公民、法人或者其他组织协商订立的具有行政法上权利义务内容的协议，属行政诉讼法第十二条第一款第十一项规定的行政协议"，其他的则不属行政协议。实践中，对于各种具体的PPP合同究竟属行政合同还是民事合同，则可按最高法院这一司法解释所确定的合同目的，并结合项目情况的实际特点加以区分与定性。

（二）民事合同说

民事法中规定了民事合同的双方当事人的法律地位是平等的。民事合同是以合同双方代表意见一致为前提的。PPP合同是地方政府与私营企业双方以自愿为原则签订的，任何一方都不能侵犯另一方的合法权利，这与民事合同的性质相吻合。所以即使签订PPP合同前期的审批工作由地方政府机关来执行，但一旦通过审批，PPP合同成立后，合同双方的权利与义务都是合同条款规定好的。如果行政机关单方面变更或解除合同，同样要对合同另一方做出相应赔偿。在实际的PPP项目中，合同双方当事人出现合同纠纷，往往也是先考虑通过民事诉讼等民事法律途径来解决问题。因此，在PPP合同中，双方的权利与义务大体上相互对等，符合民事合同等价交换的特征。从这方面看，PPP合同确实属民事合同。

（三）经济合同说

除以上两种理论外，还有一种理论则认为PPP合同的法律性质为经济合同。经济法最大的特点是公私融合，"公"体现在公共管理、公有制、公共利益等，"私"就是私人、私有产权、社会资本和自由市场等。经济法是调节包含公共因素的经济法律关系的法律规范的总称，其调整对象包括地方政府与市场的合同关系。公私合作也体现在经济法产生维度的两个方面：一是公法私法化，指地方政府为规范公共事业运用公私合作的形式体现了公法在私法领域的渗透；二是私法公法化，指PPP合同准许私法进入以前未进入过的公共事业领域，社会资本谋取私人利益最大化的同时也要保障公共利益，要求私法遵循一定的秩序。

本书认为如果将PPP合同认定为经济合同，就把在履行合同中所产生的争议简化为两个方面：一方面，由于经济法融合兼有公法和私法性质，当PPP合同纠纷中公法的性质体现比较明显，如在特许经营合同中，地方政府部门不履行PPP合同规定的义务时，应依据《中华人民共和国行政诉讼法》提起行政诉讼；当PPP合同纠纷中私法的性质更明显，比如在不含有特许经营的PPP合同中，合同双方发生争议，或在特许经营合同中，私人部门不履行PPP合同中规定义务时，则可以提起民事诉讼。另一方面，在PPP合同发生纠纷时，可以由双方当事人进行协商，自由选择争议解决途径，重点是无论根据哪种PPP合同法律性质，只要能有效地解决PPP合同当事人的纠纷和矛盾这一现实目标，就是可执行的符合情理的方法。[①]

PPP项目合同的法律性质历来是争论的焦点，但本书认为PPP项目合同兼具行政与民事双重法律关系。一方面，地方政府部门处于优势地位，享有行政权力，具有监督和管理社会公共领域的功能；另一方面，PPP模式的实质是地方政府购买服务，买卖关系属民事法律关系的范畴。因此，PPP项目法律关系具有行政法律关系和民事法律关系双重属性。

虽然涉及行政许可（审批）的特许经营是行政法意义上的特许经营，但广义PPP概念下基础设施和公用事业领域的"特许经营合同"关系并不完全等同于最高法院司法解释《关于审理行政协议案件若干问题的规定》所规定的"特许经营协议"。因此，PPP合同中包含仲裁协议的，对于不涉及行政法范畴的争议事项，仲裁协议仍应有效。

从PPP项目的实际运行来看，确认PPP项目合同兼具行政、民事双重法律性质，有利于实现双方利益的最大化和风险的最小化，能够保证公共部门在PPP项目合同执行过程中的监督地位，保证PPP项目的质量。

综上，PPP模式是顺应市场机制而产生的，PPP模式的特征促使其具备公共性与竞争性，两者不能分割，两者的基本关系就是在公共性中体现竞争性，在竞争性中体现公共性。PPP模式将涉及民众的重大项目的风险合理分散于政府部门和私营部门，满足了社会资本的风险偏好和承受能力，进一步促进了作为企业实践者的社会资本和作为公益性维护者的政府部门的合作。PPP模式在运作中，主要面临运营风险、市场风险、政策风险和违约风险。对这几类风险进行分析和处理，得出符合我国实际情况的风险分担机制，将有利于促进PPP项目的顺利落成。

---

① 乔高阳. PPP模式的法律规制［D］. 哈尔滨：黑龙江大学，2018：16-27.

第二章

PPP模式项目风险的界定与原则

第一节

PPP模式项目风险的界定

一、PPP项目风险的含义

PPP 模式项目风险是指PPP项目实施中发生的各种对项目建设与经营产生不利或负面影响，并可能导致项目运营的亏损与投资利益损失的风险。[①]PPP项目的风险防控既包括项目本身的风险防控，也包括项目参与方各自的风险防控。因此，只有对项目全过程存在的各种类别风险采取合理有效的管控策略，才能有效确保PPP项目顺利完成。[②]国务院国有资产监督管理委员会2006年印发的《中央企业全面风险管理指引》（国资发改革〔2006〕108号）（以下简称《指引》）对企业风险也给出了概念范围，指出企业风险是指未来的不确定性对企业实现其经营目标的影响。

本书所说的PPP项目风险是指PPP项目在项目规划、方案设计、建设实施、运营管理过程中，由于各方面非正向因素造成的不确定性对项目实施机构实现项目目标的影响，这种不确定性可能导致项目遭受未预期的损失，甚至造成项目失败的风险。PPP项目风险主要有四种类型：运营风险、市场风险、违约风险和政策法律风险。

二、PPP项目风险的特征

（一）经营期限长，风险复杂多变

PPP项目参与方众多，项目周期长，通常可以达到10~30年，大多数PPP项目都

---

① 孙南申. PPP模式投资风险的法律规制［J］. 国际商务研究，2018，39（3）：12-24.
② 高琳. 中国海绵城市PPP项目风险管理研究［D］. 昆明：云南财经大学，2017.

需要历经一段很长的时间才能赢利。在项目赢利之前，可能发生的项目风险非常多而且难以预测，因此，PPP项目必然会面临各种复杂多变的问题。PPP项目各参与方，如地方政府方、出资方、施工方、监工方等需要与相关方签订项目实施合同，保证每一项内容能够达到预期要求。各主体之间由一系列的合同协议相互制约和促进，各主体间的权利义务和项目利益关系链条比较复杂，这也使得PPP项目面临的风险更加复杂。理论上，基础设施项目与当地政府主要领导的更替一般不应影响原PPP协议的履行，但在实际操作中仍然存在不确定因素。随着项目的建成，后期运营也成为项目中的最大问题。PPP项目的优势在于充分利用民间资本，用市场化的手段实现经济的基础建设，只有保证投资人的预期收益，才可能实现项目的持续发展。因此对PPP合同的风险评估防范与法律层面的保障非常重要。

（二）参与方目的不一致

PPP项目各参与主体的目的通常不一致。例如，地方政府部门参与PPP项目的目的是引入资本，利用社会资本高效的经营管理达到加快基础设施建设、实现公共利益最大化的目标。与地方政府部门不同，社会资本追求盈利的性质决定了其比地方政府部门更注重对项目的高效建设。社会资本与地方政府部门合作参与PPP项目的目的不外乎通过参与建设公共设施赢利。这种各参与方目的不一致的情况有时会导致公共利益和项目公司利益产生冲突，或影响项目股东权益的实现。项目参与方共同承担风险或者分担风险，不仅能降低完成项目的难度，也能降低项目整体风险。

（三）分担的风险与获得收益的正相关性

为追求项目整体风险成本最低或整体获利最高，参与方获利多少与风险分担的比例应呈正相关关系。主要体现在风险发生的主体不一样，比如地方政府部门出现领导人更替的情况下容易产生风险，因为每一届地方政府的执政侧重点不同，能否持续推进项目存在风险；另外项目的出资方以市场化的角度来运行项目，可能会出现相关主体由于主营业务收益受影响从而不能继续为项目投入后续资金的情况，这样就造成项目不能按照合同的约定完成。应对风险能力强的部门通常能够通过项目获取更多的利益，但同时也会承担更多的风险。一般情况下，地方政府部门作为PPP项目的发起人应当承担更多风险。特殊情况下，私营部门为追求更多的项目利润，需要承担更多风险。如何在各参与方之间合理分配风险是本书需要探讨的问题。

（四）风险的阶段性

PPP项目大致可以分为三个不同的时期，分别是实施时期、运营管理时期和移交时期。在各个不同时期产生的风险严重程度及类别有所不同，有的风险会贯穿项目的整个过程。PPP项目的出资方通常不是一次性投入全部资金，而是根据项目进行的阶段分阶段投入约定的资金，这个过程中可能会出现项目达不到预期的情况，从而出现违约风险，这样就容易出现阶段性的风险。例如在筹资建设阶段可能出现融资难以及延迟完工等风险，在运营阶段主要会出现市场风险。在项目的每个阶段都可能出现违约风险，而且在项目的不同阶段风险的大小也会有所差别，例如在项目融资前期利率的风险就比后期的风险大。所以PPP项目风险的阶段性也是PPP项目风险的一个特征之一。[①]

（五）风险的渐进性

PPP项目的进展是一个循序渐进的过程，每一个进展都是在前一步的基础上完成的，大部分风险也不是突然爆发的，而是在前期项目的建设中慢慢累积形成的，风险的大小和性质会随着项目的变化而变化，风险的经营管理者要时刻关注项目中可能出现的不确定因素，将风险带来的损失控制到最低。对于项目各个阶段中出现没有按照合同约定完成的情况，相关方要及时沟通，避免后续不能按照约定时间完工，这样的渐进性风险需要通过法律手段来降低。

（六）风险的不确定性

PPP项目风险除了以上特征，也包含一般项目的风险特征，即项目风险的不确定性。在PPP项目的建设实施过程中，风险发生的时间、风险的类型、风险的大小、风险带来的法律后果等是不确定的。除此之外，由于PPP项目的参与方主要有地方政府部门和社会资本，因此政策性风险会带来很多不确定性因素。一般情况下

[①] 宋萍. 博弈视角下养老PPP项目风险分担研究［D］.湘潭：湘潭大学，2017.

地方政府会为公众利益考虑，对社会资本和项目公司的行为进行考量，但如果地方政府部门没有履行好政府职能，或者双方对项目协议争议较大，则PPP项目面临的风险也会更多。[①]对于PPP项目中出现的不确定性风险，相关权益方需要根据合同约定，按照每一个阶段可能出现的风险做进一步的说明，最大限度防止出现相应的法律风险。

---

① 高琳. 中国海绵城市PPP项目风险管理研究［D］.昆明：云南财经大学，2017：20-25.

PPP项目风险的类型

由于PPP模式中准经营性项目占多数，这类项目通常伴有风险大、周期长、投资多以及具备相对垄断性的特点，所以准经营性项目主要由地方政府部门进行推进管理。通过准经营性与PPP相结合这种模式，能够使地方政府部门与社会资本有效地合作，降低准经营性项目的风险，但同时也会带来相应的PPP风险弊端。因为项目参与方的繁杂众多，项目的各个环节会比普通项目复杂得多，因此PPP项目对各项目参与者的各种能力要求与一般的工程项目相比会严格一些，风险也会相应地增大。PPP项目的有些风险存在于项目的整个周期之中，但影响程度有所不同。本节根据PPP的主要风险影响因素，按项目阶段划分风险类别，分别从项目前期、中期、后期三个阶段来分析风险类型。

一、PPP项目的前期风险

PPP项目的前期阶段是识别以及准备阶段，前期阶段的准备是中期项目运营阶段的基础，往往决定了项目是否能顺利运营，是非常重要的。在前期阶段，主要面临的风险是政策风险以及融资风险。

（一）政策风险

政策风险指因政治因素或者法律政策变化等对PPP项目产生不利影响而导致的主观不可控风险，例如常见的征收风险，包括税收政策变动导致的隐性征收，即社会资本主观不可控的风险。政策风险通常还包括法律政策变动带来的法律风险，包括法律变更风险、审批延误风险、民众反对风险、地方政府信用风险及收费变更风险等。[①]政策法规发生调整或改变的风险贯穿项目全周期，但其对项目的主要影响还是在项目的前期阶段。大多数情况下，地方政府方是项目的发起方，拥有绝对的政策信息以及市场信息优势，在项目上占主导地位。但也有一些地方政府在没有进行综合考量的情况下就和社会资本达成协议，最终导致不能按照协议内容承担相应的义务，给社会资本方造成严重损失，同时也损害了地方政府信用形象。[②]

（二）融资风险

融资风险指因融资失败或债务危机导致的项目不利后果。目前PPP项目普遍面临融资难问题，主要体现为融资的渠道不畅、方式单一、成本高和风险大。[③]无论是PPP模式建设还是普通项目建设，都不可避免地面临融资风险。然而，虽然社会资本承担了巨大的融资风险，但项目公司由于有地方政府部门的参与和支持，往往能够更容易得到贷款，因此融资风险相较普通项目更小。

二、PPP项目的中期风险

PPP项目的中期阶段即项目的采购以及运营执行阶段。中期风险即项目建设期风险，此时项目主要由社会资本或者项目公司负责，项目公司掌握着项目运营主动权。PPP项目的中期风险对项目来说往往是最为严重的，这一阶段的风险主要是运营管理风险、市场风险以及违约风险。

（一）运营管理风险

运营管理风险主要是指项目中后期运营维护时的决策失误或者战略错误带来的风险。管理风险是由于管理制度不健全、没有进行综合考量而做出不正确的决策等所带来的风险。在项目运营管理过程中，相关责任人的管理水平可以通过管理风险

---

① 亓霞，柯永建，王守清. 基于案例的中国PPP项目的主要风险因素分析［J］. 中国软科学，2009（5）：107-113.

② 李永强，苏振民. PPP项目的风险分担分析［J］. 经济师，2005（9）：248.

③ 孙南申. PPP模式投资风险的法律规制［J］. 国际商务研究，2018，39（3）：12-24.

体现出来。管理风险大多是管理制度不完善或管理者综合水平低下造成的。运营管理风险主要分为以下几个类别：一是运营收入减少的风险，比如水利枢纽项目建成投入使用后由于实际水量不足造成发电量、收入减少；二是运营成本上升的风险，比如水利枢纽项目建成投入使用后由于管理不当造成管理费用超支；三是建设成本超支风险，PPP项目可能会因初期规划不够完善、考虑不周，导致建设成本超支，比如水利枢纽项目建成投入使用后因维护不当造成设备损坏造成的风险。[①]四是环保风险，实践中自然环境遭受破坏，环境治理问题是相关部门高度关注的。但是在项目实施阶段难免会产生一些污染源，倘若没有对此进行有效的处理，没有通过环保检查，就会出现停产整顿的情况，给项目带来严重的影响。运营管理及战略决策往往由私营部门进行，因此运营管理风险主要承担者是社会资本。

（二）市场风险

市场风险即项目投入使用后由于市场因素而产生的风险。因为在PPP模式运行中，项目成本回收和主要收益来源是使用者付费和公共部门的经济补助等。社会公众对公共服务的需求量大小构成了市场的需求风险，公共部门对市场价格的制定则决定了价格风险，在提供公共产品和服务的过程中，倘若有同种功能效应的产品出现，企业还会面临竞争压力。比如水利枢纽工程建设完成之后，若有其他相同性质的工程实施通过了公共部门的审批，那么该工程就会面临市场竞争，导致项目收益下降。

（三）违约风险

违约风险主要是指项目在建设期阶段由于项目初期的规划不足或不可抗力等因素导致资金流断裂或无法按时竣工等情况时项目方违约导致的风险。违约风险体现最突出的是法律风险，主要是指项目在运营阶段可能常常面临不同的法律纷争。若现有的法律制度不够成熟，可能导致个别参与方由于某种因素违约后，因现有法规制度无法解决而造成损失的风险。在PPP项目的运作过程中，需要通过健全的法律途径来解决和处理可能发生的纠纷和冲突，增强项目双方对契约精神的遵守，这样才能降低违约风险。

---

① 胡斯曼. 文化产业PPP项目风险管理研究［D］.蚌埠：安徽财经大学，2017：10.

三、PPP项目的后期风险

  PPP项目的后期阶段即项目移交阶段，PPP项目的后期风险是指项目到达运营期后的风险，此时PPP项目建设已完成，所有权需要进行转移，地方政府部门重新获得主动权。后期风险主要有社会风险和所有权移交风险。社会风险主要是指在项目的后期阶段有一个漫长的运营时期，在这一时期内社会价值观、社会风气、治安稳定等的变化都会在一定程度上影响项目的运营。所有权移交风险主要是指在项目的后期阶段，地方政府部门与私营部门之间需要进行所有权转移，此时若因为项目中期运营管理不合理，资产残值远低于项目预期价值，可能存在应移交的资产不达标的情况，阻碍项目的资产移交。

第三节

PPP模式项目风险的分担原则

一、PPP项目风险分担的基本概念

PPP的风险分担是指将PPP项目有关的各种风险以某种形式在项目参与者之间进行分配，风险发生后，根据一定的原则来明确项目各方的责任归属的方式或制度。PPP项目风险分担对项目能否顺利进行并完成具有非常重要的意义。一个项目是否成功，与各参与方风险界定是否明确了风险的界定以及风险分担是否合理等因素相关。风险分担的作用在于明确项目参与方的责任义务，其目的在于寻求最低的风险以保证项目取得成功。项目能否顺利实施取决于风险分配是否有效、合理，科学健全的风险分配体系有利于更好地进行成本管理，同时还能提高投资回报率，保障项目按照预期的目标完成。由于PPP项目各参与主体具有逐利性，大多不愿意承担过多的风险，因此，为了平衡各参与方的权利和责任，必须制定科学完善的风险分配体系。[①]

二、PPP项目风险分担的原则

公平公正的协议内容是双方成功合作的基本前提。现代合同法强调合同主体可以根据自己的意愿来设立和调整权利义务，但由于市场信息没有全面透明化，参与主体的信用风险不能得到有效的评估，这给合同参与主体的成功合作造成了某种程

---

① 黄恒振，周国华. 公私合营（PPP）项目风险再分担问题研究［J］.建筑经济，2015，36（10）：17-20.

度的障碍。PPP合作模式中，合同对于风险的合理分配起着至关重要的作用。PPP项目的风险主要通过合同的方式来进行分配，在风险分担时应体现公平原则。公平原则主要体现在既强调合同条款本身对风险权利义务的均衡，也强调合同所派生的风险权利义务的均衡；既关注合同主体由于风险事件引起的收益，同时也关注合同主体面临的风险损失。

风险分担并不是系统的平均分配，而是结合每个参与主体的不同性质分配不同的风险，取得风险最优分配的效果。结合PPP项目的特点，风险的分配原则可概括为如下几点。

（一）风险与控制力相匹配原则

风险与控制力相匹配原则是民法公平原则在PPP模式中的体现。PPP模式参与主体间的权利和义务相互依存、密不可分。在PPP模式中，倘若某方对于风险有着比较完善的管理系统，则其对于风险可以进行有效的防控，能将损失降到最低。在PPP项目开始之前，通过识别项目风险因素，可以根据参与方自身的优势对项目中可能产生的风险进行分配，制定出独立分担和两方联合承担风险的方式。[①]

对风险有防控能力并能从中获得收益的参与方才能更好地承担风险，公共部门对政策性风险相对能够进行更为有效的管控，从而可以承担这部分风险。合同内容规定不科学、不全面等带来的不确定性风险应由所有参与方共同承担，其中的违约风险可根据谁违约谁承担的因果原则进行分担，对地方政府方的违约处理应当在相应的特许经营权协议中予以明确。

（二）风险与收益相匹配原则

当事人应当遵循公平原则确定各方的权利和义务。这主要是针对合同的内容而言的，即在有偿合同中，当事人设定的权利义务要对等。公平原则要求合同双方当事人之间的权利义务要公平合理，要大体上平衡，强调一方给付与对方给付之间的等值性。

这一原则的理论基础是权力和责任相匹配，也是权责利对等的理念在PPP项目

---

① 周正祥，张秀芳，张平. 新常态下PPP模式应用存在的问题及对策［J］. 中国软科学，2015（9）：82-95.

市场风险分担上的具体表现。风险与收益相匹配原则本质上是指承担风险责任的主体会同时享受到风险未发生时带来的相关收益，即责任主体既有义务承担相应的风险损失，也有权利享受风险未发生时的相关收益。这个原则体现了风险信息的对称性和透明性等特点，也是民法典中诚实信用原则在PPP项目风险分担上的体现。与其他普通项目不同，PPP项目的灵活性比较显著，在项目运营全过程中协议具有可转移性，高效率的协议会促使PPP项目的社会资本方和地方政府在获得相关收益的同时积极采取必要的措施降低或避免风险。

风险与收益相匹配原则也是经济法中公平与效率法律关系的体现。PPP模式中，应当确保私营组织的投资回报可以有效地弥补风险因素造成的亏损，并且依然可以取得理想的收益。公共部门玩忽职守或对整体项目没有进行全面考虑而盲目审核批准等都会带来风险，因此应当依照风险合理分担的原则将此类风险交由地方政府方来承担。譬如，在A隧道项目特许经营期间，地方政府部门又审批允许与其相邻的B隧道免费通行，则可能造成A隧道的社会投资方因此不能按照预期进行收费回收投资和收益，在这种情况下，地方政府方应当承担风险损失，并对社会投资方给予一些优惠条件，如给予税率降低、价格标准提高、特许权经营期延长等合理的补偿措施。同样，社会投资方也应当在参与项目合作的前期做好尽职调查，对地方政府的信用评级和履约能力进行翔实的调查和评估后再决定是否与之合作。[①]一般而言，承担的风险越大，收益也越高，这部分将在第四章进行更为具体的阐述。

（三）承担风险有上限原则

在现代市场经济发展过程中，风险承担应有一定的上限，这是一项重要的原则。这一原则不仅有利于经济的繁荣，也推动了投资的发展。一个主体承担风险的能力范围是有限的，但在PPP项目中可能会出现一些特殊的情况，从而导致参与方承担的风险超过自身的承受范围，如果仍然只由一方承担，可能导致项目管理成本增加，甚至导致项目失败。因此风险应当在分配给最有控制力的一方的基础上确保这类风险不会超过其所能承受的范围。

---

① 张惠. "PPP+B" 参与主体的博弈分析与商业银行的对策 [J]. 南方金融，2015（7）：13-21.

第四节

PPP项目风险管理

PPP项目风险管理的第一步就是要对风险进行有效的识别，其次是进行评估，进而采用相应的解决方案。在风险管理的过程中，通常由项目公司对风险进行有效防控，各参与方对自己需承担的风险应作出正向的完善管理。PPP项目风险管理主要涵盖三块内容，分别为风险识别、风险评估和风险处置。[①]风险识别伴随着整个项目的进程，是项目风险管理的基础。风险评估是对上一步识别出的风险进行分析，确定其对目标的影响。风险处置就是针对不同类型、不同大小的风险制定出相应的解决方案，确保项目顺利进行。风险处置措施通常有消除风险、分担风险、规避风险和承担风险等，还可以将这几种应对措施相结合。

一、PPP项目的风险识别

风险管理的前提就是要对风险进行有效的识别。PPP项目由于周期长、工程量大、参与主体多、所在地区分布广等，使得风险把控难度很大。国外对风险管理的大量相关研究，国内在PPP项目建设过程中已进行了很好的借鉴运用。[②]下面对项目风险识别中应注意的地方进行详细分析。

---

① 周和平，陈炳泉，许叶林. 公私合营（PPP）基础设施项目风险再分担研究［J］. 工程管理学报，2014，28（3）：89-93.

② 李虹，黄丹林. PPP项目风险管理研究综述［J］. 建筑经济，2014，35（6）：37-41.

（一）风险有周期长、变化大的特点

基础设施PPP项目需要较长的特许经营期，风险往往从一开始就存在，直至特许经营期结束将项目移交给地方政府以后，风险才会完全转移。另外，PPP项目的参与方除地方政府方外还有社会资本方和项目公司等，各参与主体目的不同，风险控制力也不同，因此对风险的处理也会有所不同。

（二）风险有明显的阶段性的特点

在PPP项目建设和运营的不同阶段，风险的发生具有明显的阶段性，如项目建设阶段风险相对较高，项目运营阶段风险相对较低。在项目建设的各个时期，各种风险性因素会随着项目建设的实施发生各种形式的转变，在PPP项目风险识别中应注意风险的阶段性这一特征。

（三）风险有层次性的特点

PPP项目一般具有兼顾社会公共利益和社会资本经济效益的两重属性，其风险也具有相应的层次变化。例如地方政府比较关心社会效益，而项目运营公司则比较关注经济效益。[①]PPP项目实施过程中主要以项目市场运作为主，政府宏观调控和监督管理为辅，PPP项目的风险在经济层面和社会层面就表现出不同的层次性，地方政府和运营公司在项目实施的过程中可能会因为社会公众利益和社会资本经济效益的冲突而产生一定的矛盾，加剧风险的层次性。

二、PPP项目的风险评估

（一）PPP项目风险评估的内涵

PPP项目风险承担能力主要分为三类，分别是风险承受能力、风险收益能力、风险应对能力。三类具体能力指标的内涵如下：一是风险承受能力指标。该指标主要反映风险发生后PPP项目各个参与方对其造成损失的承受能力。二是风险收益能

---

① 叶晓甦，徐春梅. 我国公共项目公私合作（PPP）模式研究述评［J］. 软科学，2013，27（6）：6-9.

力指标。该指标是综合衡量PPP项目中参与方对PPP项目的前期成本控制以及后期收益能力度的评估指标。三是风险应对能力指标。PPP项目各参与方对风险的管理和控制能力被称作风险的应对能力。本书用该指标反映承担主体对运营风险、市场风险、政策风险、违约风险等风险承担能力的评估。

（二）PPP项目风险评估的作用

PPP项目风险评估过程中通过科学合理的评估方法对现有的或潜在的风险进行评估，辨别出风险发生的具体阶段，对PPP项目风险因素的影响因子进行科学评判，最终能够提前根据PPP项目风险评估结果构建风险预警防范机制，制定应急方案，将风险影响程度降到最低，提升PPP项目的效益。

（三）PPP项目风险评估的依据

PPP项目风险评估的依据主要包括：已识别的风险，已识别的PPP项目风险是项目风险评估的基础；项目的进展情况，在项目的不同阶段，项目面临的风险程度是不同的；项目的性质和规模，一般情况下风险的大小跟项目的规模呈正相关关系；数据的准确性和可靠性，评估数据的选取会影响评估结果的真实性，进而影响整个风险评估的可靠性。

（四）PPP项目风险评估机构

风险评估机构是专门开展项目风险评估的组织，采用规范化和标准化的方法对项目的风险进行预估，能够协助项目主体完成项目风险的评估任务。目前我国的评估机构大多挂靠在地方政府部门或会计师事务所等，缺乏行业眼光和专业经验，评估方法和评估手段单一、落后，造成PPP项目风险评估结果可信度不高。

三、PPP项目的风险处置

（一）PPP项目风险利用

风险利用在PPP风险管理中是指项目的某些风险中往往蕴藏着额外获利的可能性，若项目参与方能够承担这类风险，将可以利用其获得相应的收益和回报，这充分表现了风险所特有的两面性。不过，能否从风险中取得利益取决于参与主体对这类风险是否具有足够的承担能力，同时还要全面衡量承担这类风险所收到的利益能否弥补其所付出的代价。如果得到的回报大于付出的代价，就说明这项风险存在可利用的价值；反之则没有利用价值，不能勉强承担。[①]对于项目合作各方都不具备控制力的不可抗力风险，在分配时可以综合分析考虑风险发生的概率大小、地方政府自留风险的成本和私人合作方承担风险的意愿，通过综合考量评估后，私营合作方可以申请承担此类风险，按照公平原则，地方政府会相应给予私人合作方合理的补偿。由此，社会资本方利用其承担的风险获得相应的收益和回报，这也体现了风险与收益相匹配原则。

（二）PPP项目风险控制

PPP项目风险控制的方式分为两种，一种是风险发生前的预防，另一种是风险发生后的积极控制及减损。项目在进行中，若能结合实际状况灵活运用这两种方法，可以最大限度降低风险，提高项目效益。

风险控制是各参与方通过主动措施预防、减少或弥补风险带来的影响或损失的一种较积极的策略。对PPP风险进行事前预防是指针对潜在的风险源，通过对项目涉及的人、财、物预先采取措施，提前做好规避和管理风险的准备，减少风险影响。PPP项目的事前预防相关责任分担条款应当在合同协议中予以明确，一方面使各参与方具有风险防范意识，另一方面明确各方在应对风险时的责任承担。

PPP项目风险控制的事后管控不是放弃承担风险，而是制定计划和采取相应措施降低风险损失的可能性或减少实际损失。与PPP风险事前预防相比，事后管控虽处于一种被动状态，但是不代表PPP项目主体只能被动接受项目风险的发生，主要是项目主体方在项目风险暴露的同时已经做好了风险防范应对策略，实现了对项目风险的有效规避。例如，本书倡导将政策风险、法律变更风险等社会资本方无法抗拒的风险分配给在政策上更有控制力和影响力的地方政府公共部门来承担，他们作为地方政府或地方政府的代表，在识别、评估以及控制这些风险上处于比私人合作方更有利的地位，这也体现了风险与控制力相匹配原则。

---

① 高琳. 中国海绵城市PPP项目风险管理研究［D］.昆明：云南财经大学，2017：7.

（三）PPP项目风险转移

PPP项目风险转移是指风险承担者将本应由自身承担，但由于无力承担且无法规避的风险责任，通过一些合法合规的技术或经济手段转移给有能力控制或承担该类风险的主体。PPP风险不会因为责任转移而消除，但这种方式是确保PPP项目正常运行的有效策略。比如，在PPP项目运作中倡导将建设风险分配给社会资本方，因为其处于控制项目建设过程的有利地位，也具备相应的管理能力和运营能力，项目公司可通过与建设承包商签订建设合同将建设风险转嫁出去，但是项目公司仍然要对参与合作项目的各方承担首要的主合同法律责任。

（四）PPP项目风险回避

PPP项目风险回避是指在项目运行中，为了避免某种风险可能对项目造成的巨大损失和影响，彻底改变项目原计划或者直接放弃项目的应对方式。PPP风险回避虽是主动采取防御风险的应对方式，但它的消极性在于做这个选择的同时可能意味着参与方（或风险承担者）丧失了获利的机会。[①]在PPP项目实践中，项目的某些类型风险可能会因影响因素的变化而加剧，使项目参与方无法承受风险可能带来的损失。一旦出现这种情况，无论是地方政府公共部门或是私营合作方都不应当单独承担这些几乎无限大的风险责任，否则他们可能会通过彻底改变项目原计划或者直接放弃项目的方式来应对，这也体现了承担风险有上限原则。

通过以上分析可以得出，为了更好地预防和把控PPP项目风险，参与项目的公私方都应该在签订合同时将风险分担原则及分担方式纳入协议具体条款中，这不仅能确保项目的风险分担具有针对性，使能够预见的各种风险找到合适的承担者，也使项目风险的分配更加合理有效，在新的风险出现时能够提供相应的参照依据和管控措施。当然，由于PPP项目的复杂性，其风险的分担原则不能简单地一概而论，在具体操作过程中，还应该根据具体情况和条件，如风险承担方的能力条件、风险承受成本核算、风险归属范围等具体分析，以制定具体可行的标准。

综上所述，PPP模式投资风险的分担原则应根据不同的风险提出不同的分担策

---

① 杨文宇. 基础设施PPP项目的全生命周期动态风险管理探析［J］. 项目管理技术，2010，8（6）：39–43.

略，只有达到最优风险分担时，PPP项目才能实现效率最高和总成本最低。目前在我国PPP项目中，地方政府与社会资本一般通过风险识别、风险评估、风险应对来管理风险。在整个风险管理的过程中，地方政府并不是独立的参与者，而是通过与社会资本共同成立的项目公司来进行项目风险管理，地方政府与企业在风险分配后对自己应该承担的部分需要做出积极的反应。PPP项目风险管理主要涵盖三块内容，分别为风险识别、风险评估、风险处置。为了较好地把握和预防PPP项目风险，可以采取风险回避、风险利用、风险转移、风险控制等策略多角度降低PPP项目的投资风险。

第三章

PPP模式运营风险的法律分析

PPP项目运营风险类型特征

一、PPP项目运营风险界定及类型分析

（一）PPP项目运营风险界定

PPP模式是一种双赢的模式，通过合作，地方政府可以减轻财政负担，而私人组织可以获得特许经营权，通过运营来取得收益。PPP项目具有很强的公益性，一般与民众的生活息息相关，一旦项目失败，会损害公民的切身利益，而且地方政府还要对该项目进行善后处理，如一般会收购该项目，这给地方政府带来了极大的财政压力。因此分析运营风险，做好风险防范措施显得尤为重要。通常情况下，PPP项目中私营部门拥有最初的营运权限，而且在所取得的特许营运期内，该部门将全权掌控项目的日常营运，特许经营期满后，私营部门将PPP项目在运营状况良好的情况下交由地方政府部门管理。①

从广义上来说，PPP运营风险是指PPP项目在运营阶段出现某些难以控制的或者在前期无法预料的状况，从而对项目的顺利实施造成影响，使项目目标无法顺利达成的所有风险。对比其他普通项目，PPP项目属资本密集型项目，具有资金需求大、成本回收周期长等特点，而且参与项目合作的合作方往往数量很多，各合作方又对项目怀有不同的期许，希望达成不同的目标。②项目财务效益的不确定性也是

---

① 李娟芳，朱亚红. 城市基础设施建设PPP模式应用研究［J］. 四川建材，2017，43（2）：219-220，222.

② 朱佳佳，谈飞. 建筑施工项目PPP风险分配研究［J］. 项目管理技术，2014，12（6）：29-32.

PPP项目运营风险的一大来源。在PPP运营过程中，为鼓励私营合作方的积极主动性，应当保证其能够获得合理的收益，这就要求使用方缴纳一定的费用。但现实情况是项目运营有极大可能受不乐观的营运情况或其他现实情况所制约，致使在实际操作中项目的收益能力达不到预期水平，由此产生运营风险。除此之外，大部分PPP项目都需要承担一定的社会责任，以创造社会效益。

总之，PPP项目运营风险是指在运营期间的有关不确定因素对PPP项目的顺利实施产生不利影响而带来的风险。由于风险产生结果的不确定性，PPP项目运营过程中所产生的任何风险都将导致运营结果与预期存在偏差，这种偏差可能导致项目亏损甚至失败。[①]而PPP模式所涉及的项目大多投资大且参与方较多，如果没有管理好风险，将造成巨大的损失。前期准备是否充分，比如项目设计是否合理、建设阶段的项目质量情况、配套设施是否完善等，会对后期的运营产生很大的影响。

（二）PPP项目运营风险类型分析

在PPP项目实际操作过程中，诱发失败的风险因素有很多，且通常较一般项目的风险因素复杂得多。在开展PPP项目前必须先对其运营风险有清晰的了解，这样才能有针对性地提前做好防范风险的准备。通过查阅近年来国内外相关资料，本书分别从风险来源、行业类别以及项目阶段不同的观察视角深入分析归纳，认为PPP模式存在多种类型的运营风险，包括项目收益风险、经营管理风险、配套设备服务提供风险、财务风险、残值风险、收费价格调整风险等。

1. 项目效益风险

项目效益风险是指在项目运营过程中出现项目运营的融资成本大幅超出预期估算，建设项目所需的劳动力价格大幅上升超出预期估算或消费者对产品或服务的质量要求大大提高等情况。出现任何一种情况都会导致运营项目的显性成本高于预期的估算水平。

2. 经营管理风险

经营管理风险是指在运营管理项目过程中因为管理不善、判断错误或受各个环节的不确定因素影响而导致的项目资金流动迟滞、项目收益降低所引发的运营风

[①] 杨柳. PPP项目运营的风险管理研究［D］. 广州：广东财经大学，2016：5.

险。项目在具体的建设和运营过程中，管理或组织等方面的相关问题也会带来风险和损失，包括财务风险、监理风险和质量风险等，还存在发生重大事故或因各参与方缺少良好沟通带来的相关的损失①。除此之外，管理者的能力及以往的专业经验和管理经验都是在规避管理风险时需要考虑的重要因素。

3. 配套设备服务提供风险

配套设备服务提供风险指项目相关的基础设施不能按照项目合同约定到位引发的风险。为了避免配套基础设施延误对项目现金流产生不利影响，可以在PPP项目合同中将配套基础设施的齐全设置为合同权利义务生效的前提条件。A湖污水处理厂项目是一个典型案例。B公司于2001年借助BOT的模式承包并构建A湖污水处理项目，建设期为2年，经营期为20年，经营期满后无偿移交给C市高科（代表C市国有资产监督管理委员会持有国有资产的产权）。但一期工程建成后，配套管网建设等问题迟迟未能解决，导致工厂一直闲置，最终该厂被整体移交给C市水务集团。②

4. 财务风险

PPP项目的财务风险是指项目公司在长期经营项目过程中可能丧失偿债能力的风险和股东收益的可变性风险。即项目公司的财务风险包含了PPP项目公司股东未来收益的可变性和企业丧失偿债能力的可能性，这两方面都同项目的经营风险直接相关。另外一种财务风险就是项目融资的风险，主要是融资结构不合理、金融市场不健全等因素引起的风险，主要表现为资金筹措困难。PPP项目在招标阶段选定中标者之后，地方政府与中标者先草签特许权协议，中标者要凭草签的特许权协议在规定的期限内完成融资，特许权协议才正式生效。如中标者在规定的融资期内未能完成融资，将面临被取消资格、投标保证金被没收的风险。

5. 残值风险

残值风险是指项目在特许经营期结束后移交时未能达到预期估算价值的风险。造成这种情况的可能性主要有三种：一是项目的内在价值随着市场实际需求的波动而下降；二是合同规定的建设质量水平过高而实际建设中无法达到；三是在项目的运营期间并未充分规范地使用项目设施。

---

① HUANG H. Analysis of PPP Model in Field of Municipal Infrastructure Prospect [J]. Building Technology Development, 2016（10）：15–17.

② 李虹，黄丹林. PPP项目风险管理研究综述 [J]. 建筑经济，2014，35（6）：37–41.

6. 收费价格调整风险

收费价格调整风险是指项目生产的产品或提供的服务经过调整后出现价格定位不合理的情况，进而导致项目的实际收益达不到预期目标。公共产品或服务价格定位不合理主要有价格过高、价格过低、价格缺乏弹性三种情况。经济市场的各种实际情况不是一成不变的，而PPP项目普遍具有周期长的特征，因此公共产品或服务的调价规则理应是一种动态规则，可以随市场的经济波动而灵活变动。价格风险主要是由收费的调整引发的，但PPP项目中的价格调整受地方政府的监督和控制，地方政府可能会因为项目的公益性而降低价格，从而造成项目损失。

7. 项目运营过程中的其他风险

第一，不可抗力风险。不可抗力风险无法预知，更无法对其采取防御措施，比如地震、台风、洪灾等自然灾害一旦发生，便会给项目造成巨大的损失，整个项目都可能毁于一旦。

第二，市场竞争风险。在PPP项目中通常是指由于对项目的选建地址、建设等规划不合理或者其他原因，可能出现地方政府或其他投资者新建类似项目的情况，分流了市场对该项目的需求，产生实质性的竞争风险。

第三，金融风险。主要是指由于融资风险、通货膨胀和利率等变动造成财务费用增加，从而增加了项目成本，减少项目收益的风险。

二、PPP项目运营风险承担主体分析

（一）地方政府部门主体

责任主体是指违反相关约定或者法律规定而承担法律责任的人，包括自然人、法人和其他社会组织。PPP模式下，承担法律责任的地方政府主体有两种，一是地方政府部门，二是地方政府部门工作人员。作为法律主体，地方政府部门需要承担责任的情形有下述三种。其一，在PPP项目中，地方政府部门作为协议一方，在其无法执行协议内容而致使整个项目失败时，需依据民事法律来承担违约责任。其二，在PPP项目中，地方政府部门具有行政优先权，可以制定与项目营运相关的规制章程，以此来维护公共利益。若由于行政权力运用不当而导致项目失败，地方政府部门需要对此担负相应的行政法律责任。其三，在PPP项目的运营中，地方政府部门作为协议方需要对项目负监管责任。若由于监管失职而使公众遭受损害，地方政府部门同样需要为此担负一定的责任。另外，地方政府部门工作人员若对项目的失败负有不可推卸的个人责任，其个人则可能被追究相关法律责任。[①]

在PPP项目中，应根据各参与方自身的职能，了解各方能够发挥的作用后再进行角色分配并分担相应的风险。地方政府部门作为项目的发起者，在建设初期占有主导地位，且地方政府部门在项目全局把握方面具有权威性，在经济宏观调控方面有一定的影响力，能力与责任两者相当，故应当主要承担政策与法律风险以及融资风险。

（二）社会资本主体

在项目运营阶段，主要由私营部门负责建设、发展、运营，私营部门最了解建设期间的问题及风险。私营部门在对自身风险承担能力做出判断后，还应考虑是否需要转移风险，以应对预估判断错误的风险超出自身风险承担能力上限的情况等。

合同签订后，在发生意外风险或出现前期未识别风险的情况下，应结合实际情况进行风险再分配。并不是所有的风险都需要各参与方共同承担，有些风险根据具体原因，可以完全归于一方承担。

---

① 李林，刘志华，章昆昌. 参与方地位非对称条件下PPP项目风险分配的博弈模型［J］. 系统工程理论与实践，2013，33（8）：1940–1948.

PPP项目运营风险案例研究

一、国内PPP项目案例研究——山东中华发电PPP项目

（一）项目要点

山东中华发电PPP项目由香港中华电力、山东国际信托、法国电力以及山东电力联合发起，并正式成立了中华发电有限公司，该项目总投资额为人民币168亿元，装机容量为300万千瓦，经营期限为20年，期满后电厂所有权归中方。中华发电有限公司与山东电网就每年的最低售电量签署了协议。项目参照当时电价0.41元/千瓦时测算可保障较好的收益。2002年10月，山东省物价局批复新的电价为0.32元/千瓦时，山东省发展改革委于2003年在最低购电量方面对山东电力和中华发电进行了限制，将电量值由原来的5 500时（指机组运转一小时所生产的电量）减少至5 100时。但是，由于合同条例对山东电力的限制，还是需要按照原计划来执行最低电量购置，差价由山东电力承担，导致项目收益锐减。

（二）运营风险分析

山东中华发电项目未能达到预期目标，从PPP项目运营角度看主要有以下几个原因。

1. 收费价格调整风险

山东中华发电项目所遭遇的最主要的运营风险是收费价格调整风险。该项目运营前期因为获得地方政府批复的较高上网电价而得以顺利运营，然而在市场经济的大环境下，地方政府的物价管理部门需要根据市场变化和消费者实际需求来调整价

格。市场上的电力供给量相对增加，整体拉低了电力价格，山东中华发电项目因此遭受价格降低的打击，以致影响了其正常运营。

2. 出现市场竞争风险

市场竞争风险体现在项目运行过程中，由于其他投资人新建发电项目，导致山东中华发电PPP项目因存在直接的竞争而产生运营风险。山东中华发电PPP项目是在山东当时电力供应紧缺情况下开展的，按照当时的预测与分析，该项目符合物有所值。然而好景不长，当有新的电厂机组投入市场使用之后，就分流了一部分消费者的用电需求，这一符合经济市场运行规则的现象使山东中华发电PPP项目陷入经营困境。

（三）运营风险处理启示

收费价格调整和市场竞争这两个导致PPP项目运营风险的典型因素同时出现在山东中华发电PPP项目中。对这两个因素进行分析，可以得知制定科学价格形成机制是降低运营风险的路径之一。

山东中华发电PPP项目的供电价格在经过调整后出现价格定位不合理的情况，进而导致项目的实际收益达不到预期目标，主要原因在于项目开展前的调研没有充分研判物有所值，没有制定科学价格形成机制，对市场变化预测性不强。在山东中华发电PPP项目中，电费的调价规则理应是一种动态规则，可以适应市场的经济波动。但PPP项目中的价格调整也受地方政府的监督和控制，地方政府因为项目的公益性而降低价格，调低最低购电量，从而造成损失。这些都需要在PPP项目谈判、规划和设计等项目前期工作中充分考虑和研究，但山东中华发电PPP项目在建设运营前并没有充分考虑到这些风险，也没有相应的应对措施，一遭遇风险便造成项目亏损。

二、国外PPP运营风险案例分析——英国伦敦地铁PPP项目

（一）项目要点

20世纪初，伦敦大部分地铁主干线已经成功完成建设，鉴于线路老化和服务恶化的问题，1997年英国地方政府决定采用PPP模式引入社会资本投资改造伦敦地铁

线路。最终地方政府与SSL、BCV和JNP 3家公司签订了合作合同，将30年的特许经营权分别授予这3家公司，3家公司承担起了各不相同的地铁建设和维护工作，而运营和票务依然由伦敦地铁公司负责。这三家基础设施公司实际上分别由Metronet联合体和Tube Line联合体控制。伦敦地铁公司通过国家支付和业绩支付来回报基础设施公司。英国地方政府的期望是：由私营合作方提供长期投资，地方政府部门对地铁保留控制权；地方政府与私营合作方共同促进伦敦地铁系统更加高效地运转。考虑到联合体可能遭遇的一些无法预见的问题和风险，在PPP协议中准许联合体提出上限为3.6亿英镑的资金来填补可能遭受的此类风险。然而英国地方政府的希望落空了，Metronet联合体和Tube Line联合体相继宣告破产。Metronet联合体的破产导致地方政府蒙受了超过40亿英镑的巨额亏损，而Tube Line联合体的破产则使得该项目最终以惨败收场。

（二）运营风险分析

英国伦敦地铁PPP项目的失败值得英国地方政府和其他相关部门深刻反思，也为其他国家研究PPP模式提供了案例。本书从PPP项目运营风险视角剖析英国伦敦地铁PPP项目失败的原因。

1. 地方政府监管项目运营力度不够

伦敦政府方寄希望于私营机构能够在项目开展的过程中自行发现问题并有效地解决它们，但是这种期待没有成为现实。再者，伦敦政府部门创立的考核仲裁没办法从联合体获取有效的信息数据，因此实际上伦敦政府无法了解联合体的现状，也无法监控成本的变化。

2. 运营成本增加、项目效益收窄

地铁项目本身的非商业性约束了私营合作方的创新能力，对地铁基础设施和车站进行修复和维护是该项目中私营合作方的主要职责。除此之外，该项目采用的是内部供应链（Tied Supply Chain）形式，拒绝了外部市场供应商参与竞争，虽然保障了项目原始参与方的市场利益使其免于激烈的市场竞争，但也导致伦敦政府无法对整个联合体的采购进行全面管控，也就意味着没办法借助激励机制来对供应商进行刺激，从而促使其提供更加周到的服务和高品质的产品，使得联合体公司在采购这件直接关乎项目建设设施质量的大事上显得很被动，这也是导致Metronet失败的一

个不可忽略的重要原因。

3. 项目公司内部经营管理混乱

伦敦地铁PPP项目参与企业数目过多，管理混乱。Metronet联合体由5家企业组成，这5家企业非但没有形成紧密合作的合力，反而因为各自的利益出发点不同而经常意见相左；加之项目频繁地变更管理者，缺乏长期有效的管理机制，无法对整个项目进行有效的管理与风险调控，项目经营管理的不稳定性也加速了其迈向失败的步伐。

4. 公私部门运营风险分担不合理

伦敦地铁PPP项目的负债率偏高，其联合体和银行贷款股份的比率为比11.7比88.3，只要它们一宣布破产，高达95%的债务就会落到伦敦政府头上，而参与方的5家企业只需分摊它们的股份，即3.5亿英镑的账单，而这甚至根本就不会影响到其企业的业绩。截至2007年，英国政府已为这些企业累计拨款达30亿英镑服务费，远远超过企业的投资金额。公私部门运营风险分担不合理也加速了项目的失败。

（三）运营风险处理启示

1. 建立项目监管制度

伦敦地铁项目具有巨大的投资资金缺口，能够提供这么多资金的合作方无论在数量上还是在类型上都是非常稀少的，而联合体与伦敦政府的谈判又进一步加剧了项目的复杂性，使该项目在公开透明度方面有所欠缺。因此，为保证PPP项目运营的稳定性，必须建立一套行之有效的项目监管制度，覆盖项目招标、融资、运营、退出等不同阶段，具体包括对项目实施过程的财务、质量、价格等内容的监管，并制定公众监管、伦敦政府监管，甚至第三方监管的细则，主动全过程监管与个案依申请启动监管相结合，通过制定PPP项目监管制度，强化项目监管预防和降低PPP项目运营风险。

2. 健全风险分担机制

伦敦地铁PPP项目中联合体和银行贷款股份的比率为比11.7比88.3，表明社会资本在项目失败后承担的代价较小，运营风险分担不均，这为经营出现困难时联合体申请破产退出项目埋下伏笔，并最终导致项目失败。因此，PPP项目要稳定运营，必须有完善的项目风险分担机制。健全风险分担机制主要通过权利义务的界定、违约责任的确定以及相关付费补偿机制来实现，应以完善PPP相关政策、健全风险管控机制，降低风险发生的可能性，规范PPP项目合同条款，将风险计划和风险发生后的救济措施列入合同，并根据风险类型进行分别管控，以从机制上预防或减少运营风险，提升项目风险管控能力。

第三节

PPP项目运营风险分担机制

一、PPP项目运营风险的责任分析

PPP模式中地方政府和社会资本方都是承担法律责任的主体。下面从两个角度对PPP项目运营风险的责任分析进行阐述。

（一）社会资本方的相关责任

如果项目最终是交由私营合作方运营管理，就会促使具备地方政府授权的社会资本方在基础设施运营过程中主动进行创新，使得运营效率得到一定的提高，同时促进运营收入的增加。社会资本方也可以在服务提供过程中进行创新，减少运营成本，降低运营风险。从这一层面来看，PPP合作项目运营风险的主要承担者理应是私营合作方。

除此之外，社会资本方还可以充分利用现有的政策和条件，将PPP项目的运营风险控制在可接受范围之内或转移出去，例如社会资本方可以在项目运营的过程中注重对相关市场大数据的收集和分析，紧跟时代前进的步伐，牢牢把握住市场发展的脉搏，随时准备根据市场的变化来调整自身运营方式，进而合理、灵活地遏制运营风险；社会资本方还可以就项目的全部或存在较大潜在运营风险的部分，通过购买相应保险产品的形式转移给保险公司，以此来规避和转移运营风险。

（二）地方政府的相关责任

任何一个成功的PPP项目都离不开地方政府部门的有力支持和鼓励，在不同的PPP模式中，地方政府和私营合作方的角色与责任往往会因合作项目的差异而存在很大的不同，但是大体上来讲，地方政府的主要角色和责任就是为广大人民群众提供最优质的公共设施和公共服务。为确保此一目标顺利达成，地方政府部门首先需要尽力帮助社会资本方化解运营风险，因为只有尽可能化解社会资本方的运营风险才能使其更加有效和平稳地运营项目，才能实现公共利益最大化。地方政府需要厘清各个参与机构之间的权限和关系，采取一系列有效手段帮助社会资本方切实解决某些关键的运营风险，促进合作项目正常开展，促进合作共赢，让合作项目为社会和人民作出应有的贡献。

除此之外，如果合作项目的运营收入远远达不到预期水平，为了弥补私营合作方的损失，地方政府可以根据实际情况提供一定的补贴。地方政府对PPP合作项目的监管也非常重要且十分复杂，例如，在合作项目的运营过程中由于不可抗力因素给合作项目造成的财务赢利能力降低的风险，即不可抗力风险，理应由社会资本方和地方政府部门共同承担。为了尽可能地规避不可抗力风险，社会资本方或地方政府部门可以向相关的保险公司投保，比如近来比较常见的巨灾保险，就能比较合理地分担风险并提高地方政府的抗风险能力。

二、PPP项目运营风险疑难问题

（一）项目用地取得的法律问题

土地如何取得至关重要，与项目的运营风险直接相关，关乎着所投项目能否正常运作。通常由国家为PPP项目的建设提供土地，但是，在土地的取得方式上存在一定的分歧。征地成功与否不单单对项目的正常运行有着决定性作用，而且还涉及国有资产的安全性问题，故而，对于是采用出让方式还是利用行政划拨方式来使PPP项目获取土地这一问题始终存在着争议。实践中PPP项目的土地取得方式与相关法规存在一定的冲突，理论界对于如何取得项目用地也存在分歧。

1. **PPP项目用地的性质问题**

我国PPP项目的运营和现行土地使用权取得相关法规存在不适应之处。《中华人民共和国土地管理法》《招标拍卖挂牌出让国有土地使用权规定》等相关法律规定，对于经营性用地，必须以招标、拍卖或挂牌的方式出让，市场主体公平竞争获取。但在PPP模式中，大部分项目是经营性或者准经营性的，地方政府在授予特许经营权时并未确保特许权人一定能够获得项目用地。如对于地铁等交通运输项目，由于投资大、周期长，投资方通常要求捆绑地上物业开发，但地上物业是属商业经营用地，按相关土地使用权取得的法律规定，项目公司必须按照法律规定的程序取得建设用地的使用权，这就无法保证PPP项目能顺利获得项目用地。

2. 项目公司能否取得项目用地使用权的问题

我国PPP项目用地的获得一般有四种方式，即招标、拍卖、挂牌及协议出让，特殊情况下如纯公益性项目用地可以采取划拨方式取得。国有土地使用权的招标、拍卖、挂牌和特许经营权的招标是两条不同的主线，项目公司获得特许经营权不代表一定能获得土地使用权。[①]如果项目用地是通过协议出让方式取得，那按照《协议出让国有土地使用权规定》，项目公司必须满足相应的前置条件。采取协议转让方式的，地方政府应在项目合同中保证项目用地的获取，土地出让金统一上缴财政，但出让金不一定能用于该PPP项目的补贴。即使项目公司满足了协议出让的前置条件，也未必能一对一协议转让。因为同样按照该规定的第九条，即使是协议出让，在土地供应计划公布后，同一地块有两个或两个以上意向用地者，地方政府国土资源行政主管部门应当按照规定采取招标、拍卖或挂牌方式出让。

3. 难以准确界定为公益性项目的问题

我国法律明确规定公益类项目用地可以采用划拨方式取得，但在实践中存在几个问题：第一，虽然已经有许多PPP项目采取划拨方式取得土地，如垃圾及污水处理PPP项目、非营利性质的养老服务设施建设项目等，但由于我国法律中并没有明确以划拨方式获取征地的项目类型，所以在相关政策方面仍旧存在着一定的矛盾和不完善。第二，关于法律中所规定的利用划拨的方式来获取公益类项目用地，容易让非纯公益性项目钻漏洞，打着公益的旗号来实现征地，从而对国家利益造成一定的损害。故而，在土地划拨方面，国家相关部门不仅需要严格规制和监管，还需施以精细化的具体项目类型规定。

（二）项目落实率低的法律问题

作为PPP项目的协议主体，社会资本对项目能否成功起着重要作用。但社会资

---

① 谭静，翟盼盼. 国内PPP立法分析［M］.北京：中国财政经济出版社，2017：71.

本目前的参与度并不高，主要原因如下。

1. 社会资本持观望态度

PPP政策不够全面具体，导致社会资本始终持观望态度，不敢参与其中。对于社会资本而言，其参与经营活动的根本目的乃是获取高收益，而PPP模式需要高额投资却没有高回报，绝大多数社会资本是不敢随意参与的。虽然PPP模式在我国也发展了相当长一段时间，但至今没有形成系统的法律体系，仅靠政策规范和引导难以为参与其中的社会资本提供充分的法律保障。故而，对于PPP项目，社会资本较多持观望态度。

2. PPP项目参与主体比例问题

现阶段并没有明确的规范性文件对PPP项目主体的具体比例做出明确规定。《操作指南》对PPP模式的参与主体进行了相关规定，明确PPP项目的"社会资本"是指境内外资本，境内资本主要有民营企业和国有企业，境外资本主要指境外企业。这一规定在引导PPP模式的发展方面具有一定的效用。然而，随着该模式在实践操作方面的深入，在缺乏明确法律规定的情况下，项目的各方主体具体占比仍然存在一定的失调现象，这与引入PPP模式的初衷相悖。我国政府推行PPP模式的主要目的在于引入民营资本，发挥民营资本在稳定经济增长和加强地方政府的管理能力方面的作用。

虽然没有具体的项目主体比例规定，但2022年为贯彻落实党中央、国务院决策部署，进一步推动PPP模式规范发展，我国财政部于2022年11月11日发布的《关于进一步推动政府和社会资本合作（PPP）规范发展、阳光运行的通知》中明确规定鼓励国有企业、民营企业、外资企业等各类市场主体作为社会资本方平等参与PPP项目。地市级、县区级地方人民政府实际控制的国有企业（上市公司除外）可以代表政府方出资参与PPP项目，不得作为本级PPP项目的社会资本方。这个通知的出台在一定程度上抑制了以往国有企业在PPP项目的参与者中占比较大的现象。

（三）关于项目融资的法律问题

对于PPP项目而言，合理的融资方式和与之配套的偿还体系乃是推动项目融资成功的关键所在。所谓的融资风险即由于融资失败或无法及时偿还债务而造成的不良影响。现阶段，大部分PPP项目都存在融资方面的问题，多数集中在融资手段过于单一、融资途径不多、风险过大以及所需的融资成本过高这几个方面。[①]

通常金融机构对PPP融资方案会进行严格的审核，即使能够给予贷款，在期限、利率等方面也会作出较高的要求，这一要求将大部分申请者拒之门外，最终导致项目停滞。目前我国PPP项目所需资金除了靠地方政府财政和社会资本投入外，选择的融资方式大多依然是传统的商业银行贷款模式。而PPP模式是典型的周期长、投资大、运营不太成熟的高风险项目。面对这样风险不确定并且短期内收益不明朗的项目，金融机构往往热情不高，担心贷款坏账。有国家金融系统和法律政策作后盾的银行在风险不能有效被规避的情况下都不敢轻易涉足PPP项目，更何况那些拥有充足的资金却难以高效管控融资风险的普通企业。此外，我国PPP融资法律尚不健全，滥用项目融资方式在实践中时有发生，导致所选的融资方式与PPP项目不相匹配，损害了融资机构的参与信心。

（四）关于项目监管模式问题

就PPP模式而言，地方政府在其中既扮演着合同参与者的角色，又担任着规则制定者的职务；既是监督整个项目的责任人，同时也是为项目提供公共服务和产品的供应商，集各种身份于一身，使得地方政府在实践过程中可能出现职责不明、职权不清的现象。而要想为项目打造一个健康的发展环境，监督权与运营权最好完全分离，才能在实践操作中发现根本问题所在。目前，即便财政部设立了专项领导小组，PPP研究中心也已组建，但PPP项目的监管涉及审批、土地、金融、税收、财政等不同领域的主管部门，难以通过一个专门的独立部门进行高效的监管协调。

另外，风险监管问题还体现在审批延误方面，主要指由于项目的审批程序过于复杂，花费时间过长和成本过高。且批准之后，对项目的性质和规模进行必要的商业调整非常困难，给项目的正常运作带来不利影响。如某些行业里一直存在成本与价格倒挂现象，当市场化之后，外资或民营资本都需要通过提价来实现预期收益。而我国《价格法》和《地方政府价格决策听证办法》规定，制定公用事业价格、地方政府指导价、地方政府定价等，应当建立听证会制度，征求消费者、经营者和其他有关方面的意见，论证其必要性和可行性，这一复杂的过程很容易造成审批延误。

---

① 孙南申. PPP模式投资风险的法律规制［J］.国际商务研究，2018，39（3）：12-24.

PPP项目的监管主要分为两个阶段：一是项目的立项和特许经营者选择时期的准入监管，二是项目建设运营时期的绩效监管。[①]准入监管的目的在于剔除不符合物有所值目标的PPP方案，以提高项目效率；绩效监管的目的在于解决市场失灵、普遍服务和绩效不符合要求等问题，以保障公共利益。[②]地方政府部门由于其地位的特殊性，既是项目的发起者，又是项目的执行者，所以拥有监督以及参与项目管理的职能。为了避免出现个别部门或者个人滥用职能寻求便利，导致社会资本利益受损的情况，可以建立统筹PPP管理机构，协调地方政府部门的职能，监督协调地方政府部门双重职能之间的关系，减少乃至杜绝部门或个人滥用职能的发生，实现公平公正运营项目，从而保障私营部门权益及公共利益不被损害。

三、PPP项目运营风险分担机制

（一）风险分担原则

1. PPP风险共担原则

PPP风险共担原则是指各参与方共同承担PPP项目的风险。这一原则是民法公平原则在PPP风险分担中的体现，PPP模式合同主体具有平等的法律地位，PPP项目合同本质上是民事合同，在项目分担上应首先遵守公平原则，对项目风险公平分担。推行PPP模式从本质上来讲就是地方政府和社会资本以战略合作的模式来实现共赢的局面，故而，在合作当中，各自都必须承担一定的风险，风险共担也即是承担风险的大小与其所获收益的大小对等。

2. PPP风险有效控制原则

该原则是指风险分担应与各项目参与方对风险的控制力相匹配，这样才能进行有效控制。实践中参与PPP项目的主体较多，各参与方所承担的具体义务、责任和权益都有所区别。在承担风险时，各部门要根据所获得的利益来承担相应的风险，但在承担风险时也要考虑自身是否具备提前识别风险并有效控制风险的能力。对某

---

① 项目建设运营时期的绩效监管包括对项目质量、价格、服务水平和财务等方面的监管。
② 谭臻，吕汉阳．政府和社会资本合作PPP核心政策法规解读与合同体系解析［M］．北京：法律出版社，2018：218.

项风险，如果某参与方能够预测和识别该项风险并且能有效管理该项风险，则该方承担此项风险所付出的成本是最低的，也是最有效的，因此该方应该承担此项风险。[①]风险的控制方对于风险的预测和控制能力均应优于项目中其他的参与者。

基于这样的风险分担原则来分担风险，不仅能够让社会资本方在技术、维护、融资、运营和管理等方面的优势得到更好的发挥，同时也能起到较好的激励作用，促使社会资本更好地履行自己的义务，完成各种项目目标，使项目产品和服务的优质性得到提升。

3. PPP风险上限原则

该原则是指由于PPP项目风险在很大程度上具有不可预估性，为了尽可能地规避和防范这些风险，防止其给参与者带来重大损失，设置风险承担上限显得尤为必要。PPP项目的长期性使潜在风险难以完全被预测，所以一些意料之外的风险是没办法提前预测的，譬如不可抗力风险给项目带来的损失可能远远超过预期，这种风险无论交由哪一个参与方来独立承担都有失公允。因此，设置风险上限，明确一旦出现的风险达到这个上限，则重新分配各参与方的承担责任，或者在项目启动期就引入第三方担保，由第三方承担。

4. PPP风险动态分担原则

该原则是指当PPP项目内外部环境和条件发生变化而导致项目风险类别或程度也随之变化时，各参与方需要结合实际情况，重新探究和分析PPP项目的风险分担机制和具体的分担方法，并适时作出权责方面的调整，以确保该项目的顺利进行。在PPP模式中，所有风险都应合理分担，因为PPP模式具有整体风险的特性。合理的最优风险分配应是项目各参与方各司其职，运用自身所拥有的特点承担相应的风险，例如地方政府部门主要承担政策风险，私营部门主要承担建设风险和运营风险，不可抗力等造成的风险则共同承担。

（二）风险分担主体

一般而言，在PPP项目的整个运营过程中，参与方非常多，涵盖了项目公司、

---

① 陶思平. PPP模式风险分担研究——基于北京市轨道交通的分析 [J]. 管理现代化，2015，35（4）：85-87.

地方政府、金融机构以及投资者等，另外还有保险机构、供应商、运营商、产品使用者、项目承包商等。下面仅就主要的风险分担主体进行分析。

1. 地方政府部门

某些地方政府部门能在一定程度上影响地方法律政策的制定，也更容易识别和控制该方面的风险，能有效管理法律政策方面的风险。同时，地方政府部门作为项目的发起者，在建设初期占有主导地位，且在法律和政策方面具有权威性，在经济宏观调控方面有一定的影响力，能力与责任两者相当，故应当主要承担政策法律风险。

价格和竞争风险受地方政府部门的监督与控制，地方政府可允许特许经营者在获得一定利润的条件下调整价格，因此这类风险由地方政府部门承担更为合理。因为PPP模式所涉及的项目基本上都是基础设施，而基础设施的建立需要先得到地方政府的批准，地方政府要对类似的基础设施的建立进行控制，尽量避免同一地区出现类似的项目而引起不必要的竞争。同时PPP项目又具有较强的公益性，地方政府部门在制定价格时也会更多考虑民众的利益，但同时地方政府部门也不能忽略社会资本的利益。

2. 社会资本

经营管理风险是由于项目公司的管理人员的过失而造成的损失，因此该方面的风险要由社会资本来承担。对于管理风险，项目公司对企业管理人员要提高筛选的标准，要聘用有经验、有专业资格的人员来担任，也可以适当引入有经验的第三方参股PPP项目公司，在实际运营管理中为项目公司提供运营经验，降低管理风险。

经营风险中的各因素变化是可由项目公司把握控制的，且是由于经营状况的变化、服务过程中的其他因素的变化所引起的。项目公司可以通过制定合理的价格和正确的经营战略、提供稳定的基础设施运营以及创新服务过程等来提高运营效率，这样可以增加运营收入并降低运营成本，从而降低经营风险。

3. 第三方机构

对于运营风险，地方政府部门和社会资本可以委托第三方机构对项目进行全面评估，以便制定更加详细、完善的PPP协议，同时可以对项目的可行性进行分析，并通过分析制定相对安全可行的运营方案。第三方评估机构必须具备与项目相关的评估能力与经验，避免由于前期评估失误而对后期的PPP项目实施造成不利影响，在实施过程中必须定期对PPP项目的运营情况进行评估与监测，做好事前、事中、事后监督，这样才能及时发现问题，尽可能地降低评估风险。另外，保险公司应对PPP项目中所面临的不可抗力风险承担主要责任。不可抗力是地方政府部门和社会资本都无法预见和避免的，此类风险可以转移给保险公司来承担，地方政府部门和社会资本可以在项目合同中共同选定保险公司购买适合的保险产品，转移风险。

第四节

PPP项目运营风险的预防机制

一、加快PPP的统一立法进程

完善的法律环境是降低运营风险和促进PPP模式发展的前提条件。因此，尽快制定完整的法律体系，以法律的形式明确PPP项目协议性质、土地政策等事项，加快PPP相关法律的制定和颁布，解决上位法缺失引发的矛盾和冲突是很有必要的。

（一）提高PPP项目的立法层级

提高PPP项目的立法层级，制定出具有针对性、权威性的法律。从宏观和微观上全权把控PPP模式操作，真正对项目起到管制和约束作用。对不同部门的政策规范进行修改以促使各规范间能恰当无误地衔接。同时，不能二法共治是立法共识，即财政部和国家发展改革委的PPP立法和《中华人民共和国特许经营法》不能同时处于有效状态。目前国务院法制办公室已明确接管PPP立法工作，财政部和国家发展改革委不再是法律制订的主体，一部统筹PPP全模式的法律有望出台。[①]

（二）善用既有的法律政策，降低运营风险

2014年以来，各部委颁布了大量的PPP规范性法律政策文件，虽然有些文件法律层级比较低，但对PPP模式的运营起到很好的法律指引作用。例如国家财政部颁布的《政府和社会资本合作项目财政承受能力论证指引》，其内容主要是"识别责

---

① 孙少华. PPP项目政府侧风险管理研究［D］.北京：北京交通大学，2017：50.

任、测算开支、评估能力以及披露相关信息"四个层面，以此来对PPP项目的风险评估、财政补贴等提供详细的测算方式。它在一定程度上细化了地方政府的能力承受值，并要求在财政计划和财务预算中列明项目支出责任，有利于项目公司防范财务风险。项目公司在运营中要善于利用既有的法律政策维护项目利益，进行合法合规经营，预防不必要的经营风险。

二、化解融资法律难题

与普通融资不同，PPP项目融资是一种结构性的融资模式。在融资过程中，金融机构在担保方面提出了具体要求，需要参与方借助专项融资合同对风险进行分担。一般而言，专项合同涵盖了三个方面的核心要素：一是项目运营中的现金流，二是PPP项目合同的权益，三是PPP项目资产的产权与处置权。[1]以下是几种化解融资难题的措施。

（一）政策性融资担保

在传统的融资担保方式中，金融机构主要审核企业的信用。但是因为PPP项目有很多参与主体，不能沿用传统的融资方式来实现项目的融资。以项目的预期收益为融资提供担保，以及由地方政府提供有限担保是PPP模式融资担保方式的创新，避免了金融机构因项目的不确定性而保持观望。现阶段，尽管这种政策性担保已经在PPP项目融资中得以应用，但是并不充分。[2]故而，本书认为应充分发挥现有政策的指导作用，促进融资担保机构扩大业务规模，解决融资难题。

（二）运用多种融资工具

PPP项目融资的主体是社会资本成立的项目公司，通过项目责任的有限追索实现风险剥离，项目公司投资方仅以其在项目中的出资承担责任。换言之，投资方为有限责任，项目公司为无限责任。多数情况下，PPP项目融资的债务主体是项目公

---

① 孙南申. PPP模式投资风险的法律规制［J］. 国际商务研究，2018，39（3）：12-24.
② 李妍，赵蕾. 新型城镇化背景下的PPP项目风险评价体系的构建——以上海莘庄CCHP项目为例［J］. 经济体制改革，2015（5）：17-23.

司，而社会资本主要作为债务主体的担保方。项目的投融资结构通常为：地方政府授权国有企业与社会资本共同出资构建项目公司，地方政府与社会资本投入资本金，以股权方式向社会资本进行资本金融资，通过银行贷款解决资金缺口。[①]实践中，项目公司应运用多种融资工具解决项目融资难题。

三、完善PPP项目的外部监管和内部管理

（一）PPP项目的外部监督

由于PPP项目牵涉的层面极为广泛，构建具有较强独立性的联动监督组织机构，并对其主导地位加以明确，实现项目的全面监督很有必要。但仅仅一个独立的专门监督机构是无法对复杂的PPP项目进行有效监管的。因此，在原有机构的基础上强化监管职能，要从整合权力分散的相关机构的监管部门开始，增强部门间的联动机制，强化其监管职能，将监管权力真正落实到公私合作中去。通过市场化条款增强社会资本的项目运营实力与提高公共服务效率。此外，PPP项目利益相关者群体庞大，有必要建立PPP项目的信息发布平台，把有关PPP项目建设、运营等信息通过信息发布平台公之于众。同时建立PPP项目的公众监督平台，完善公众投诉和建议平台制度，以便公众对PPP项目进行监督、建议和投诉。

（二）规范PPP项目的内部管理

在PPP投融资过程中，应针对不同的风险类型采用不同的风险处理方式。为避免出现管理风险，在选择项目公司时就要尽可能地寻找有相关专业管理经验的公司来进行合作，或聘请专业的管理人员来管理项目。同时也要对经营过程中的各因素变化加以控制与管理，首先要建设合理合规、安全的采购渠道，其次要制定合理的价格，该价格的制定不仅要体现项目的公益性，而且要保证私营部门能够赢利，这样才能使项目长久地运营下去。

另外，公司管理风险还与公司治理制度设计有关。管理风险通常是指由于管理人员的决策失误、管理制度设计不合理或者其他客观及非人力因素而造成企业遭受

---

① 孙南申．PPP模式投资风险的法律规制［J］．国际商务研究，2018，39（3）：12-24.

损失的可能性。例如，在PPP项目中，会计信息可以清楚明确地反映项目的产权价值流向，通过加强会计信息核算相关工作，可以推动资源更加合理地配置，实现利益最大化。采用正确的核算方式可以更好地衡量与监督PPP项目，降低运营中的财务风险，而且还可以满足社会公众的利益需求，更好地满足项目的质量标准。[①]因此，地方政府部门应履行好监督职能，促进项目公司的财务公示披露和审计公开，提高会计核算及审计的公正性与透明度。企业单位则从项目的成立到建设，再到后期的运营及移交都需要完成风险分析与资金核算，确保项目可以高效执行。同时可按照产权主体界限来将其划分为公共和私营两种类型，再分配负债、资产、费用以及收益等，准确反映产权主体的变动和交易情况[②]。同时分析该PPP项目运营风险及相关的管理情况，并根据实际情况督促未尽事宜，降低管理成本和项目风险发生率，保证项目的顺利运营。

（三）恪守契约精神

契约精神是推动项目顺利进行的重要因素。在PPP项目中，地方政府与社会资本达成战略合作，双方需要严格按照协议内容来履行相应的责任义务。若在合作中产生纠纷争议，双方应平衡得失，恪守契约精神，建立多元化的纠纷解决机制，保障合作共赢。

综上，完善的法律环境是降低运营风险和促进PPP模式发展的必要条件。PPP模式的正常运营需要一套健全的法律体系作为保障，通过相应的规章制度规范PPP模式运营中的问题，使PPP项目在实施过程中有法可依，降低运营风险并提高运营效率。健全相应的法律体系包括以法律的形式明确PPP项目协议性质、用地政策等事项，提高PPP相关立法层级并及时颁布，解决相应法规的内容缺失和冲突问题，对现行的法律制度进行有针对性的修改，如明确政府对PPP项目的投资范围与方式，明确法律风险分配机制等。同时还需要社会资本方与政府在项目合同中明确双方的权利义务，最大限度地降低运营风险。

---

① 马爱军. PPP项目法律问题及处理措施探讨［J］. 管理观察，2018，38（10）：80-81.
② 马爱军. PPP项目法律问题及处理措施探讨［J］. 管理观察，2018，38（10）：80-81.

第四章

PPP模式市场风险的法律分析

PPP项目市场风险类型特征

风险的含义就是未来的结果出现的不确定性以及损失的不确定性，同时包含其发生的概率。风险的差异性包含损失以及收益的不确定性，可以概括为：风险本身带有很大的不确定性，风险代表损害，是后果和预期之间表现出的差异，在一切经济活动中都存在。根据风险自身的定义以及相关理论可知，在PPP模式下，风险会贯穿整个项目周期，如项目的融资阶段、建设阶段以及后期的运营阶段。[①]PPP项目一般建设周期很长，参与方众多，面临着很大的技术与经济风险，这些都使得PPP项目在实际的实施过程中面临更多的不确定因素。与其他基础设施项目相比，PPP模式的组织架构、运作模式等都有特殊的地方，决定了其不仅具备一般的风险特性，还具备自身的特殊性，而这些潜在风险同样有损项目参与者的利益。[②]

一、PPP项目市场风险理论分析及市场风险界定

（一）PPP项目市场风险的公共经济学理论

当前我国的经济政策是以稳定增长为主，社会产品的供应方式正处于不断改革的过程中，而PPP就是供应方式改革所产生的具体结果之一。按照公共经济学相关原理，根据提供产品的实际特性将社会产品或服务划分成私人产品以及公共产品。PPP

---

① 罗志. PPP项目法律风险分析［J］.法制博览，2016（9）：252.
② 姚剑锋. 刍议交通基础设施PPP项目法律风险审核要点［J］.楚天法治，2017（3）：205.

项目大多应用在公用事业工程或市政基础设施建设中，定性为准私人或准公共产品。

（二）PPP项目市场风险的界定

在PPP模式发展中，市场因素对项目的实施至关重要，会影响PPP项目的实际收益与社会资本的经营。PPP模式在市场机制下运行，不可避免地面临市场环境的变化、产品或服务的需求变化，在市场竞争中也可能面临项目产品或服务的供给不足、原材料成本增加等问题。这些市场因素的变化给PPP项目带来了市场风险。曲延芬认为，随着PPP项目运营风险增加，地方政府倾向于借助与社会资本之间的战略合作，通过资本控制权的转移，实现风险的转移和分担。①

在此基础上，本书把在整个PPP项目运营期内的市场活动所产生的或潜在的风险因素作为市场风险的归类特征，针对我国PPP市场特性，将市场风险定义为PPP项目建设过程中各主体在市场机制运作下所面临的各种因市场环境变动、产品需求变化、竞争性风险、供给不足、成本增加等因素造成的直接或间接的类型风险。

二、PPP项目市场风险因素分析

PPP项目所面临的风险常见影响因素包括政治条件、经济环境、项目自身的条件与问题、现有法律政策等。政治风险包含由于受到政策变化、政权更迭、战争、国际关系变化等而导致PPP项目的未来收益和资产等受到损害所带来的风险。市场风险受经济环境变动影响较大，如价格因素、需求和供应因素、竞争因素等。这些因素都是PPP项目发生市场风险的重要影响因素，应当在预防PPP项目市场风险时予以重点关注。②

（一）市场收益不足

市场收益不足是指由于社会其他因素导致实际收入与预期收入产生较大差异，

---

① 曲延芬. 经营性PPP项目中的市场风险与收益分配［J］. 鲁东大学学报（哲学社会科学版），2017，34（5）：66-70.
② 慈正开. 论高速公路PPP项目社会资本投资人的法律风险防范［J］. 公路，2018，63（5）：219-221.

市场供需变化会对此产生影响。PPP项目市场收益不足的直接原因是项目所产生的收益不能达到预期，使得投入与产出不对称。前期预测的收益过分乐观也会导致实际收益少于预期收益，这往往是PPP项目预测模型缺乏准确性和科学性所致。此外，相关补贴不能兑现、收费价格降低等相关政策行为都会影响项目的整体收益。

（二）"唯一性"风险

"唯一性"风险主要是替代项目出现所导致的，是地方政府或其他投资者通过改建或新建其他类似项目造成该项目面临新的市场竞争，从而产生一定的风险。"唯一性"风险与其他市场风险具有相关性，它们互相作用、互相影响。[①]在PPP项目的建设与运营过程中，社会资本需要投入大量的人力、物力和财力，单一项目需要整个项目公司的全方位投入，因此如果有新建或改建的其他类似项目出现，往往会使该项目遭受一定的市场风险。同时，市场收益风险、信用风险以及市场需求变化风险等往往会随之出现，对项目的长期运营与发展产生不同程度的影响。

（三）市场需求变化风险

市场需求变化风险是指社会环境、宏观经济、律法调整、人口变化等因素导致市场中的供给需求发生改变，从而使实际需求和市场预测之间出现明显的偏差，最终使项目产生市场风险。市场不可能一成不变，市场中某一部分的变化也可能给PPP项目整体带来影响。市场需求风险的产生不受预测模型和数据偏差的影响，社会经济环境、人口变化、法律政策调整等外部因素也会使预测结果与实际需求之间出现偏差，导致实际收益不足，从而产生风险。同时需求也受项目的竞争环境影响，供需不平衡会导致PPP项目产生不同程度的变化。

（四）融资风险

融资行为源自金融投资市场，是PPP项目顺利实施和运行的保证，每个融资方都需考虑其投入与产出的市场回报问题，并且与利率市场风险密切相关。在招标阶段后，地方政府与PPP项目中标者先草签特许权协议，接着中标者凭草签的特许权

---

① 亓霞，柯永建，王守清. 基于案例的中国PPP项目的主要风险因素分析［J］. 中国软科学，2009（5）：107-113.

协议在规定的融资期限内完成融资，特许权协议开始正式生效，这是PPP项目融资过程的一大特点。在给定的融资期内如果未能完成融资，中标者将会被取消资格，投标保证金也会被没收。湖南某电厂就因参与PPP项目融资无法完成，被没收了投标保证金。[①]融资形式的单一是PPP市场近来所遇到的突出问题之一，融资风险的后果是融资成本增加，甚至可能出现融资失败，进而导致PPP项目被地方政府收回。

（五）利率波动及外汇风险

市场利率的变动受经济环境、国家政策以及国际金融市场等方面的影响。对外商投资PPP项目或对外投资的PPP项目而言，由于其工程量非常大，投入程度高，更容易受利率波动的影响。外汇风险与利率风险较为相似，它由外汇可兑换风险和外汇汇率变化风险组成，指国际投资中PPP项目的成本、市场价值或现金流受外汇汇率波动影响出现潜在的上涨或下落的结果。当前我国国内利率、外汇环境相对稳定，因此利率和外汇这两个风险因素在整个市场风险因素中不算突出。

（六）通货膨胀风险

在市场机制下，物价可能受到通货膨胀的影响而快速上升，导致项目所需要投入的成本进一步增加。由于进行项目评估时无法准确判定货币的未来购买力，项目产品与服务的定价受合同约束，收费价格弹性低。成本可能会增加，但收费价格不能随之升高，将导致项目公司的运营收入低于预期效益而产生市场风险。

三、PPP项目市场风险类型

要把握风险，必须先明确PPP项目常见的市场风险类型。按照影响因素的不同，可以将PPP项目在整个运作当中出现的市场风险划分为以下几种类型。

（一）市场竞争风险

项目投产后，最终得到的效益同产品在市场当中的具体销售情况以及其他方面

---

① 沈际勇，王守清，强茂山. 中国BOT/PPP项目的政治风险和主权风险：案例分析［J］. 华商·投资与融资，2005（1）：6.

的表现息息相关。销售量以及其他方面的变化都将使得项目面临巨大的风险,主要包含需求风险、价格风险、竞争风险和市场预测风险,不同的风险之间相互关联、相互影响。

第一,需求风险。对于基础设施项目而言,其市场需求稳定性比较差,这与基础设施项目的种类有关。消费者的需求也会受到各种因素的影响,比如消费者自身的预期情况、收入水平等。价格因素以及收入分配和人口数量等因素都会使项目面临着不同的需求风险。

第二,价格风险。在大型项目的建设过程中,不管是产品或者是服务,其价格的确定不外乎两种情况。第一,价格一定会在一定的范围和幅度当中进行调整和波动,所以可以事先锁定这个范围。第二,以市场的供求关系为基础。对于PPP项目而言,产品或服务的价格一般会受社会或政治决策的影响,所以一般会采用第一种定价方式。①

第三,竞争风险。PPP项目所提供的服务或产品仍然会受到替代品、潜在或现有竞争者的威胁。同行业的人越多,不同的企业之间越容易出现价格竞争,企业获利也会更加困难,竞争强度加大。价格竞争达到一定程度,会造成当前行业无利可图,也会给潜在的竞争者带来威胁,阻止其进入市场参与竞争,但是会使企业的沉没成本②增加。此时,行业替代品则会以更大的优势完全推出市场,导致企业的产品和服务受到损失③。

第四,市场预测风险。一般此类风险在项目前期决策的过程中产生,因为市场预测是前期决策的基础。对市场预测得不够准确,也会给经营带来相应的困难,这往往是导致项目失败的主要原因,所以必须要在前期决策当中尽可能准确地预测市场情况。

---

① 杨潇. PPP项目的法律风险及防范 [J]. 市场研究, 2017 (7): 57–59.

② 沉没成本,是指以往发生的,但与当前决策无关的费用。沉没成本是一种历史成本,对现有决策而言是不可控成本,会在很大程度上影响人们的行为方式与决策。从这个意义上说,在投资决策时应排除沉没成本的干扰。对企业来说,沉没成本是企业在以往的经营活动中已经支付现金,而经营期间摊入成本费用的支出。因此,固定资产、无形资产、递延资产等均属于企业的沉没成本。

③ 田萌. 浅谈建筑企业在PPP项目中法律风险及防范 [J]. 法制博览, 2018 (7): 123–124.

（二）市场供应风险

原材料、能源或其他资源如果出现涨价，或者其他配套服务设施，如邮电通信、交通配套设施等的供应出现短缺，都会给项目带来较大的损失。一般而言，PPP项目对原料和能源的供应稳定性要求比较高，若缺少适当的安排，项目的可行性将大大降低。因此，必须适当安排原材料和能源的供应，为项目提供可靠的动力和能源，这对PPP项目而言意义重大。

（三）费用风险

如果在PPP项目实际开展建设的过程中出现现金流不足等情况，或者在银行高息时贷款，会给项目带来十分严重的经济损失，基础设施项目也会遇到成本超支的相关问题。如果融资方案完成之后，受到社会各方的压力，不得已进行重新设计，增加一些新的设备，或是发现在工程设计方面出现了错误必须进行修改等，都会使得资本投资增加，对基础设施项目造成更加严重的影响。因为收费有限，所以在扣除了经营成本之后用于偿还债务的利润也不断减小。

（四）金融层面风险

PPP项目中的金融风险指的是贷款可能无法顺利取得。汇率和利率的变化及通货膨胀等多方面因素都会影响资金的到位。另外，项目发起人如果无法对金融市场可能出现的变化进行及时的预判和应对，也会对项目产生负面影响。

第一，融资。贷款方或其他出资方无法按照合同约定顺利提供资金，会导致项目出现中断或延误的风险。

第二，利率。在项目经营当中，利率发生变化，会对项目产生直接或间接的影响，使得投资和收益受到影响。如果利率升高，生产运营成本也会因此升高。

第三，外汇。外汇风险主要包含汇率波动带来的货币贬值、货币自由兑换、经营收益下降等情况。外汇在一些PPP项目建设的过程中是硬通货，各个参与方都对外汇风险问题十分关心。

综上，在PPP项目投资经营期间存在的各种风险中，市场风险尤为突出，而项目"唯一性"、市场需求变化、市场收益不足等作为PPP项目失败的主要市场因素，也需要引起投资者和监管者足够的重视。经多方查阅资料，深入研究后发现，市场风险是大部分PPP项目运行失败的突出原因,市场风险的低可预测性导致风险问题解决的难度大,产生的损失往往也是巨大的。市场风险的承担主体之间如果互相推诿,会增加项目违约的风险,最终导致PPP市场风险的发生率进一步增大,不利于项目的合规建设与经营。

四、PPP项目市场风险承担主体

在PPP项目建设和运营当中,究竟谁才是其中的风险承担主体,这是在研究风险分担机制前需要分析清楚的。PPP项目涉及很多相关主体,如项目的发起者、融资主体、建设商、运营商以及项目公司等,一般情况下,不同的主体所承担的风险也有所差异,具体如下。

(一)地方政府承担风险

PPP项目在运行中会采用协议的方式来对各方的权益进行明确的规定。地方政府在协议签订时一般会保留监督权、介入权等一系列的行政权。PPP项目通常是地方政府的特许项目,所提供的产品和服务也具备独占性的特点。在特许期当中,地方政府会暂时让渡项目产权的控制权,也会承诺给予相应的利益,提供优惠条件,因此地方政府的财政收入会有所减少,面临财政收入方面的风险。地方政府承担的风险具体包括:经济风险,包含资本市场、外汇以及通货膨胀等带来的风险;市场风险,包含需求及预测带来的风险;完工风险,包含停工、延迟或商业完工相关风险。

(二)运营商承担风险

运营商所负责的是项目建设之后的管理和运营,要确保项目运行正常、有效和安全。项目公司每一年都会对项目的运营成本进行专门的预算,将涉及的各种成本一一列出,对运营商的总成本开支进行限制。运营商负责确保PPP项目处在更加良好的运营状态,确保其盈利保持在一定水平。因此,运营商的市场风险主要集中在项目的运营方面。第一,风险体现在生产层面。在生产当中会使用到设备、原材料等,这些设备和原材料的供应稳定性、技术稳定性、不可抗力、技术可靠性以及环保等各个方面都是重要的风险因素。第二，风险体现在市场层面。包含市场价格风险、需求风险、竞争风险以及预测的风险，也包含政策方面的风险。第三，风险体现在宏观环境方面。包含利率、经济发展环境、产业导向和延迟风险等。

（三）出资方承担风险

出资方属于投资者，主要是通过给项目提供资金，最终获取项目利润。PPP项目在任何阶段都可能因为意外情况的出现而对最终的赢利能力产生影响，所以出资方关注的风险也是最全面的。第一，在宏观环境方面，包含获准风险，政策、政治、社会、经济、法律以及资本市场和产业导向的风险。第二，在金融层面，包含通货膨胀、利率、外汇等风险。第三，市场风险则包含需求、价格、竞争以及预测等相关风险。第四，管理者自身素质方面，包含管理能力、行业资历以及当前的工作能力。

（四）PPP协议中对风险的约定

PPP项目涉及地方政府、企业、社会组织或施工单位等诸多单位，双边合作与交叉协作的项目很多，合作通常以双方合约或多方协议的方式来阐明双方的权利和义务。相关合约、合同或协议里面不仅涉及项目建设内容，还应列举或注明责任的确定和相关违约风险的认定条件，以此确定风险承担方的具体承担范围与权责。在该约定中，应注明责任单位、责任人履行时效和法律条款等内容。

PPP项目市场风险案例研究

一、深圳大运中心PPP项目案例研究

（一）项目要点

深圳大运中心PPP项目是我国PPP项目的典型案例之一。深圳大运中心位于深圳市龙岗区龙翔大道，距离市中心大约15千米，是深圳2011年举办世界大学生夏季运动会的主要场馆。

本PPP项目采用的是ROT模式，龙岗区地方政府将已经投资建设好的大运中心交给佳兆业集团，佳兆业集团以运营商的身份来完成运营和管理。双方约定的期限为40年。到期之后，运营商将运营权交还给地方政府部门。佳兆业接管大运中心并不涉及房地产行业的开发，但是为了缓解赛事结束之后场馆所面临的连续亏损问题，地方政府同意佳兆业集团可以对场馆周围1平方千米的土地进行开发运营，但原则上不能在大运中心的红线内新建建筑物。佳兆业以体育场馆作为发展的平台，将文化、体育、会展以及商业等串联在一起，把体育产业链引入商业发展模式，为赛事结束后大型体育场馆的运行难题的解决开展了十分有益的尝试。

（二）项目结构及市场风险分析

1. 基本结构

如图4-1所示，佳兆业集团和龙岗区地方政府签订了ROT协议，得到修建权和运营管理权，成立了专门的项目公司。项目公司作为大运中心项目配套商业建设以及全部运营管理的相关平台，与专业运营公司签订相关的运营协议，与常驻球队及赛

事机构签署相关的球场租赁协议，还与媒体单位、金融机构、供电企业以及保险公司等签订相关协议。

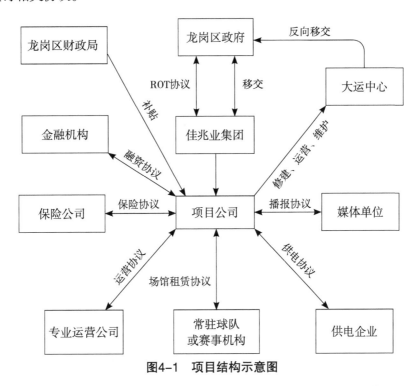

图4-1　项目结构示意图

（数据来源：国家发展改革委，深圳大运中心项目［EBOL］．［2020-05-26］. https://so.ndrc.gov.cn/s?qt=%E6%B7%B1%E5%9C%B3%E5%A4%A7%E8%BF%90%E4%B8%AD%E5%BF%83&siteCode=bm04000007&tab=all.）

2. 项目市场风险分析

（1）市场环境变动风险。主要体现在市场的需求量发生非常明显的变化，从而使得实际需求量和市场预测量之间产生较大的偏差，最终会让PPP项目产生市场风险。大赛结束之后大型体育场馆的运营是困扰世界各国的问题。每一次大型赛事结束之后，主办城市所建设的场馆在后期的运营中经常会出现问题，这种现象被称作"蒙特利尔陷阱"[①]。我国比较大的城市都会建设各种大型的运动场馆，这些场馆大多处于亏损状态。深圳大运中心PPP项目虽然在项目规划时就对项目未来的运

_____

① "蒙特利尔陷阱"来源于加拿大在1976年举办了蒙特利尔奥运会，导致地方政府承担的财政负担持续了20多年。后来将类似项目的亏损现象称为"蒙特利尔陷阱"。1998年，日本举办了长野冬奥会，场馆的后期维护需要高昂的费用，导致其经济举步维艰。同样悉尼在举办了2000年奥运会后，也一直处于亏损状态。

营和收益状况有所预测，但同样面临着因市场环境变动而产生的市场风险。

（2）供给不足风险。PPP项目的供给不足一般指原材料、能源、资源涨价，或其他配套的服务设施不全等。深圳大运中心PPP项目出现的供给不足方面的问题主要体现在场馆的顾客承载能力不足，场馆内设施设备的种类、数量、质量、稳定性达不到要求，以及提供场馆的质量和数量下降，等等。这些情况都是造成项目市场风险的重要因素。

（3）成本增加风险。这里强调的成本主要是经济成本。深圳大运中心体量巨大，设施设备繁多，项目运行过程中面临维修问题、折旧问题、有关专业人员的维系问题以及正常的人力资源工资上涨问题，这些都造成深圳大运中心PPP项目在运营过程中投资成本、营运成本等的增加，形成不容回避的市场风险。

（三）市场风险处理启示

1. 重视运营商和项目合作方的选择

深圳市龙岗区地方政府为了完成选择运营商的相关工作，成立了专门的领导小组，参考国内外大型场馆运营的成功经验，制定了在选聘运营商过程中需要遵循的核心边界条件，制作招商推介手册并制定了具体的选聘工作流程，采用一边推介一边考察的方式，对其他城市成功运营的场馆进行调研和考察，同时也和国内外一些知名运营商进行了交流与洽谈。最后，结合实际的考察情况，领导小组邀请了北京奥运会、广州亚运会以及其他场馆运营方面的职业经理人和财务方面、规划方面的专家组建了专业的筛选团队。筛选团队在众多运营商中选择了4家作为候选单位，在对运营商的管理经验、行业资历、项目改造和修建能力、财务状况等不同方面共21项内容进行筛选和审查后，最终确定佳兆业集团为运营商。选择优质的运营商可以提高抵御项目市场风险的能力。

在项目运营过程中，大运中心PPP项目采用的是专业团队和总运营商共同管理的模式，由实力相对雄厚的总运营商将一些专业运营团队，如体育之窗、AEG、英皇集团等纳入体系内，由有场馆运营经验、演艺资源较丰富的团队来管理，可以提高产品供给质量，降低市场风险。

2. 签订完善的项目协议

为保障项目产品供给的稳定性和品质，降低项目市场风险，项目公司与各合作单位签署了不同的法律合作协议，对各自的权利义务等进行明确的划分，并从法律层面强化保障。比如项目公司与常驻球队或赛事机构签署场馆租赁协议，与媒体单位签署播报协议，与保险公司签署保险协议，与龙岗区财政局签署补贴协议，与专业运营公司签署运营协议等，这样使该项目的产品供应和产品质量得到完善的法律保障，进一步降低项目市场风险。

3. 明确市场风险分担的初始分担和再分担

龙岗区政府和佳兆业集团公司于2013年签订了ROT协议，即修建—运营—移交协议。协议规定佳兆业集团可以拥有40年的运营管理期，龙岗区政府在前5年每年需要给予相应的项目补贴，每年补贴的金额不超过3 000万元。同时，龙岗区政府要求佳兆业集团公司在5年内完成商业修建工程的投资，总额不低于6亿元。这是市场风险的初始分担。在运营期间，需要由地方政府部门和佳兆业集团公司来对调蓄基金进行管理，该基金一般是从运营利润当中提取的，这些资金用于维持场馆日常开销、增加赛事活动数量、提升比赛档次等。这就是市场风险的再分担。通过上述市场风险分担，对深圳大运中心PPP项目的市场风险进行有效分解，提高了项目抵御市场风险的能力，为该项目的成功奠定了坚实基础。

（四）借鉴价值

深圳大运中心的PPP项目就是采用总运营商和专业管理团队相互结合的方式，为提升项目运营质量，分析、防范、处置和化解市场风险奠定坚实的基础。项目还设立了专门的运营调蓄基金，采用商业反哺场馆运营的方式，为场馆的日常维护提供了专门的资金渠道。仅仅依靠场馆租赁的费用根本无法满足场馆日常维护的相关费用要求，为此地方政府部门积极借鉴国外的成功经验，采用划拨的方式将商业用地交给总运营商进行开发和利用，用产生的利润来弥补场馆在日常运营当中出现的亏损，创造性地提出由运营商和地方政府共同管理场馆的方式，这种防范和应对市场风险的模式，可以在更大范围内推广使用。

这一项目在法律层面上所带来的启示是应当在项目的各个环节中重视法律协议的签署，用法律维护自身合法权益，减少可能导致市场风险的不稳定因素，让市场风险尽可能处于可控范围之内，保障PPP项目正常运营。

二、澳大利亚阿德莱德水务PPP项目经验分析

澳大利亚在2008年确立了专门的法案，成立独立部门，负责协调管理全国的PPP项目。各州的交通和道路部门相继出台了相关的技术性指导方案和指南，在全国推广应用。这一措施将澳大利亚全国各地的基础设施建设和地方战略结合起来。针对PPP项目的管理，澳大利亚从政策、技术以及法规等不同层面入手，给予每个州一定的司法灵活性。

本书选择澳大利亚阿德莱德水务PPP项目[①]，分析其在项目设计初期阶段以及中期阶段如何制定有效对策，预防市场可能会存在的风险，确保其能够避免市场风险。这一PPP项目的成功经验可以为我国PPP项目的开展所借鉴。

（一）项目基本情况

澳大利亚阿德莱德水务PPP项目所涉及的地区是世界上最干旱的地区之一，该地区超过85%的供水依赖墨累河管道，水资源危机比较严重，所以地方政府最为关注的问题就是确保长期供水。在20世纪90年代，地方政府采用PPP模式开展水务项目，完成了当地水务设施的相关管理和运营。

（二）项目风险管理

该项目的风险存在于资产、环境以及基建工程等不同方面。在资产管理层面，项目合同规定，水务公司必须提供更加详细的资产管理计划，再由水务公司进行审议，定期检查所有资产的情况。澳大利亚水务公司和联合水务公司制定了资产风险管理计划，该计划包含不同的阶段，再在实施的过程中进行调整。在基建工程的风险管理方面，由联合水务公司来管理和维护设施，而澳大利亚水务公司拥有资金的决策以及批准权。联合水务公司按照批准的计划来实施和管理相关的项目，在商定之后起草设计、招标和其他的相关合同，在合同签订之后，按时完成预算。在环保风险管理方面，两个主体在协商之后，按照保护局的标准对水务厂和污水处理厂进行运营，同时制定相关的环境管理计划，这就大大降低了项目的各类风险。

---

① 王泽彩. 政府和社会资本合作模式典型案例［M］. 太原：山西经济出版社，2016：15-52.

（三）项目实施及成果

阿德莱德水务PPP项目得到了地方政府的支持，而且在基本条件和设备方面准备充分，联合水务公司也在人力资源和技术方面给予相应的保障。在技术上，通过母公司设立专门的研发中心，与多所大学和研究机构达成合作关系，开展专门的研究，通过优化过滤器、提高膜处理技术、设计和建造过滤设备厂以及玻利瓦尔溶气气浮设备厂等，实现了水资源的循环利用。水务公司还制定了具备前瞻性的人力资源战略，随着项目的进行，逐渐有几百名员工加入公司，并逐渐形成独特的企业文化。

联合水务公司通过编制相关的年度资产管理计划、进行污泥处理创新以及引入费率调整合同等方式，使其在项目合同履行方面表现得更加出色，项目指标的完成率超过了99%。而这一项目的成功也使污水公司的业务扩展到更多的地区，在诸多方面都产生了十分积极的影响。从经济效益层面来看，采用PPP模式为水务公司节约了2亿多美元的成本，同时还增加了7亿多美元的出口额。从社会效益来看，采用第三方质量控制管理体系，成立了世界级的研发中心，对污水处理技术进行改进。项目还借助计算机程序对污水处理厂进行优化，重组、优化运营中心，采用更有效率的方式来处理事务，降低项目风险。

（四）项目经验借鉴

澳大利亚阿德莱德水务PPP项目所面临的市场风险主要是水务公司的各项风险，包含经营管理风险以及金融风险。该公司规模较大，与其竞争的公司较少，因此面临的竞争压力较小。在需求方面，当地水资源短缺，急需建设水务项目，对这一项目的需求比较大。因此这一PPP项目所面临的主要风险就是水务公司的经营风险及金融方面的风险。在这方面，澳大利亚阿德莱德水务PPP项目有一定的借鉴意义和价值。

1. 采用PPP模式可以使投融资方式和风险管理方式都得到有效创新

项目主体在分析了实际情况之后决定推进水务项目，对相关资源进行整合，使社会资本在成本控制、技术以及管理等多方面的优势得到充分的发挥，取得了社会、经济等多方面的效益。除此之外，其对社会资本的充分应用也最大限度地避免了其可能因为市场风险而出现的经济问题，这是十分成功的经验，对我国水务行业的发展有积极的借鉴作用。

2. 明确目标，实现社会资本和地方政府之间责任范围的划分

阿德莱德水务PPP项目在发展初期就已经明确了需要达到的目标，使运营成本和市场风险降低，提升了服务水平，同时推动南澳大利亚水务公司职责范围进一步扩大，通过优势互补来增强合力。地方政府责任和社会资本责任划分明确，且是在项目开展的初期阶段就通过协议进行约定，这也为之后项目的落实提供了标准，避免了遇到市场风险之后出现互相推诿责任的情况。我国的PPP项目实践可以借鉴这些成功的经验，明确各个主体的法律责任，再采用统筹的方式充分挖掘社会资源，促使项目合作与制约机制不断完善，促使项目各参与方可以紧紧围绕项目目标不断努力，不仅考虑公共利益最大化，还顾及社会投资方的相关经济效益，实现多赢与共赢。[①]

3. 地方政府履行监督职能，处理好规模效益和反垄断之间的风险关系

地方政府在PPP项目的实践当中必须发挥自身的监督职能，处理好规模效益和反垄断之间的关系。阿德莱德水务PPP项目是双方在整合水务行业价值链的基础上进行科学合理的风险分担，让项目在水务行业价值链上得到更加完整的保存，并在此基础上实现规模效应，取得更好的成效。另外，地方政府还需要制定严格的项目审核机制与市场准入制度、项目评价标准和绩效评价，制定全过程的监管机制，避免水务公司滥用权力，谋取暴利，从而促进服务水平提升，这一点也值得借鉴。

4. 赋予地方政府更多的司法权限

提高司法灵活性，赋予地方政府更多的司法权限。澳大利亚的各种PPP项目当中，各州都有一定的司法灵活性。阿德莱德水务PPP项目的顺利开展在这方面也给我们更多成功的经验。

PPP市场风险虽然客观存在，但是合同双方都不希望产生风险，因而做好风险的防范是PPP项目顺利运行的重要前提，也是解决市场风险最有效并且成本最低的方式。PPP市场风险防范措施的建立可以依托预测模型、引入司法进行帮助和监督，辅以信息平台进行信息公开并接受反馈，形成完整的PPP市场风险防范体系。

[①] 张霞. 政府在PPP项目中应注意的法律风险及如何防范 [J]. 法制与社会，2017（3）：79-80.

第三节

PPP项目市场风险分担机制

2014年之后，国家发展改革委、财政部联合多部委陆续出台了一系列优惠政策，鼓励社会资本参与到公共事业的建设当中，项目的实施范围也得到不断拓展。在PPP项目当中，地方政府扮演着多重角色，包括授予一些单位特许经营权、提供资金、购买产品或服务，供应水电、原料、土地，制定政策和进行经济调控等。通常情况下，能主动参与到PPP项目当中的企业，其运营经验或投资实力等都比较强，掌握着项目的核心技术。各主体在PPP项目当中所扮演的具体角色并不是一成不变的，而是需要结合其在项目当中承担的责任确定的。

国家发展改革委在2014年发布的《国家发展改革委关于开展政府和社会资本合作的指导意见》（发改投资〔2014〕2724号）中将PPP合作项目按照性质分为不同的类型，分别为经营性、非经营性以及准经营性项目三种。值得关注的是，经营性项目的主要特性是对收费作了明确规定，并且预测项目总收费将超过投资成本。对于这类项目，国家发展改革委必须明确特许经营权，而且在运营过程中需要向使用者收取一定的费用。与此同时，社会资本将承担相应的运营风险以及建设风险。[①]

对于经营性项目的标准界定就是必须确保其市场收益稳定，但是市场风险无疑会对项目的实际收益产生相应的影响。关于PPP项目的风险分担，国家发展改革委指出："按照风险收益对等原则，在政府和社会资本间合理分配项目风险。原则上项目的建设、运营等风险由社会资本承担，法律、政策调整等风险由政府承担。自然灾害等不可抗力风险由双方共同承担。"

[①] 参见国家发展改革委发布的《国家发展改革委关于开展政府和社会资本合作的指导意见》：三、合理确定政府和社会资本合作的项目范围及模式（二）操作模式选择。

市场风险所带来的直接影响就是项目的实际收益降低，影响社会资本后续运营的信心，最终使经营性的PPP项目运营的质量和成果受到影响。

一、PPP项目市场风险的分担机制

在PPP市场风险的分担机制中，社会资本参与程度和承担的风险之间呈现出同向变化的趋势，也就是社会资本参与程度提升，其承担的风险也会随之增加。风险分担机制方面的不合理因素也是风险产生的另一主要原因。目前理论界在不同的假设条件下对项目风险的分担以及收益的分配展开研究，但是现有的研究大多是针对PPP项目的整体特点开展的，很少涉及在PPP项目风险分担和利益分配中社会资本与地方政府之间的博弈问题。

PPP项目的市场风险是指受到市场供求波动的影响，导致项目的实际收益情况与预期收益情况相差较远。[①]一般来说，PPP项目的周期很长，项目运行期间宏观经济环境与法律环境都有可能发生变化，这样就会带来市场风险。不管哪种原因造成的市场风险都有可能导致PPP项目在投入运营之后无法取得预期收益，甚至导致项目难以继续开展下去。因此不管是地方政府还是社会资本，都需要重视项目市场风险的防范。

社会资本方作为项目的直接运营者和管理者，具备丰富的企业管理经验和市场运作经验，应对市场风险比地方政府更有优势，能降低甚至化解市场风险，根据风险分担与其能力相适应原则，社会资本方总体上需要承担较大的运营管理责任，而地方政府则更偏向于承担政策和法律等变化所带来的风险。如果市场风险比较低，那么地方政府就会提升自己的收益分配比例，从而得到更高的项目收益；社会资本方则会提供更多的产品，以较低的价格吸引更多消费者。而经营性PPP项目风险增加时，地方政府会将控制权转交给社会资本方，以期转移市场风险，社会资本方在规避风险的过程中会提高价格，提供优质服务的意愿也逐渐降低，随之而来的是价格提高，消费者数量减少，这又可能造成项目收益减少，从而进一步加大项目的市场风险。

---

① 陈昆.中央企业参与PPP项目准备阶段法律风险分析［J］.法制博览，2018（8）：169-170.

（一）市场风险分担主体

PPP项目中风险分担主体以及承担风险主体的界定对PPP项目最终是否可以成功运行起到十分重要的作用。承担PPP项目市场风险的主体也会得到一些其他方面的收益，比如社会效益、商业信誉等。厘清PPP项目当中市场风险的承担主体，是研究市场风险分担内容的基础和前提。参与PPP项目的主体数量比较多，除了地方政府与社会资本方之外，还有中介机构、保险公司、专业运营商、原料供应商等，它们在PPP项目合同体系中主要属从合同关系，不是投资方也不是股东，除了因其违约行为而承担相应的违约风险外，一般不承担项目风险，但仍可能会受项目市场风险的影响而妨碍自身的经营和发展。

PPP项目建设当中所涉及的风险种类比较多，因此具体的风险分担的主体也会有所差异。一般而言市场风险需要由社会资本方承担更大的责任，地方政府更多承担因税收政策变化、法律规范变更以及国家规划改变而无法正常运作的项目风险。地方政府部门在PPP项目的运作中，首先制定相关的规定与相关机制，形成良好、规范的市场制度环境，降低市场风险，然后通过招投标的方式挑选合适的合作伙伴，签订项目协议，共同履行合同相关责任。同时，地方政府部门通常也是项目公司的股东，其承担的责任也应符合股东协议的要求。在项目的承建与运营过程中，地方政府扮演着管理者和监督者的角色，协助推进项目进度，甚至在社会资本运营效率较低时承担必要的市场风险。

（二）项目权责与风险分担

1. PPP项目权责分析

在PPP项目中，项目承接方与项目发包方依据合同分担市场风险。双方在书面合同中明确双方权利、义务、责任、时限、质量等相关内容，这是之后项目实施过程中双方承担风险的依据。因此，相关法律法规如《中华人民共和国民法典》《中华人民共和国刑法》等在合同的签署过程中起着至关重要的作用。

不过，市场信息分布不均、合同主体缔约能力不均等原因可能导致合同不能体现权责公平，影响合同顺利履行，影响进度与施工质量，甚至可能造成毁约，使得地方政府和社会资本损失不断加大。另外一个重要的方面是，对PPP项目投入更多的一方更专注于该项目的实际进程。这跟股权投入有着紧密的关系，在社会经济思维中，无论哪一方资金（或其他形式的）投入者，都倾向于用最少的投入和最短的时间赚取最多的利益。在PPP项目中股权的轻重或大小可以作为判定该主体是否安心推进项目的重要标准，也是判定该主体能否切实分担风险的一个因素。

2. 稳步推进项目发展

参与PPP项目的不同主体在项目中所承担的具体的责任和义务都有所不同，权利义务的分配在多数情况下通过公开招投标来决定。在PPP项目中，上下游企业或项目进程推进单位在风险承担中以高股权占比承担高风险为原则，之后才考虑关联企业的风险承担，后续的项目运营和其他工作推进需要依靠项目中的关联企业，这种业务链条的关联性是促进项目稳步推进、降低市场风险以及保持企业自身健康发展的优势。而股权占比和项目推进方的互通优势是PPP项目承接企业或单位的最大优势之一。另外，从权利义务关系对等原则来看，主动掌控或发觉风险发生趋势的一方以及项目实际推进者，对项目投资风险的预测和控制能力均优于项目当中的其他参与者。同时对项目费用支出和项目进程进行合理控制更有利于降低项目进展中的风险发生率。从客观角度来看，这更便于控制项目风险，提升项目成功的可能性。

这样的风险分担原则不仅能够让社会资本方在技术、维护、融资、运营和管理等方面的优势得到更好的发挥，也能起到较好的激励作用。社会资本方为了实现自身的利润目标，会尽最大努力来更好地履行自己的任务，完成各种目标，使产品和服务的质量得到提升。

（三）市场风险分担原则

在PPP项目风险分担的过程中，应当依据相关的原则进行合理的分配，最大限度降低项目损失。市场风险的合理分配一般需要遵循两个原则，即最终分配的结果是风险发生之后造成的损失最低，且最大限度降低风险管理的成本。另外，如果PPP项目中的各参与方对风险分担的结果是满意的，可以使各参与方更好地理性思考、谨慎行为，使它们有更大的能力控制可能存在的风险，为PPP项目最终的成功奠定基础。

在PPP项目当中，地方政府起着决定性作用。地方政府需要增强公共事业的竞争性，这能在一定程度上打破公私合作的垄断性，抑制社会资本在项目运营中追求利润最大化的资本天性，从而保护公众利益。基于公众利益以及私人效率最大化，对PPP项目进行市场风险分担可以使社会公益效率得到有效维持，为公共产品的供给提供有效保障。故而，应当遵循以下几方面的规则：

第一，遵循市场价格规则。价格无论是偏高还是偏低，都不利于项目实施，因此需要严格按照科学、合理的规则来定价，这样才能实现顺畅合作。以城市供水系统为例，涉及环节包括确定水源、消毒处理、管道运输、污水排放等，这就需要地方政府综合考量城市内各大供水厂的整体情况，再计算每个环节的平均费用，确定合理的标准，对社会资本私营企业的成本价进行测算。

第二，市场准入风险分担原则。市场准入制度规则的确立可以帮助形成良好的市场竞争环境，保障社会经济有序发展。准入制度是由政府部门确定的，准入的相关细则也由政府部门制定并贯彻落实，即社会资本方需要达到什么标准才可以进入市场，需要采用怎样的方式进入市场等，都是由政府来决定的。在这方面的风险分担应当由地方政府部门承担主要责任，合作的社会资本方承担次要责任。这是由于政府部门在准入风险当中起到主导和控制作用，若政府部门能够在早期阶段严格执行市场准入制度，避免不合格企业进入市场，便会使风险发生的概率大大降低。地方政府部门还应加大对准入制度落实全程的监督力度，很多公用事业都与民生息息相关，在选择合作伙伴时，更需要按照一定的标准选择有资质的私营部门。地方政府可以根据不同的项目类型有针对性地选择合作伙伴。

第三，产品质量风险共担。当前我国对公共事业相关产品的质量规定体现在不同的法规当中，且不同地方的具体规定也存在一定差异，在统一性方面上还不尽如人意。在产品质量风险分担上，地方政府部门应当承担相关质量评估制度或标准不完善的风险，以及制度落实当中监督不到位的风险。而企业则需要承担产品生产质量不达标带来的经济和社会风险等。对于出现的产品质量风险也可以借助互联网来公布，并且由主管部门下令整改。若整改之后产品质量仍然不合格，则可取消其经营者资格。

第四，利益与承担风险相匹配的原则。所获利益是与项目中相对应的潜在风险呈正相关的，这一原则的理论基础是权利和责任的对等关系。风险与收益相匹配原则上是指承担风险责任的主体同时享受风险没有出现时的相关收益，既有义务承担相应的风险损失，也有权利享受到风险未发生时出现的相关收益。这个原则真正实现了风险信息的对称以及透明的相关特点，更是《中华人民共和国民法典》《中华人民共和国劳动法》等法律法规当中所倡导的，符合PPP项目风险分担原则的具体表现和基本要求。与普通项目不同，PPP项目的灵活性比较显著，在全过程当中协议具有可转移性，当协议转移时，收益和风险也随之转移。

（四）明确市场风险再分担的原则

在PPP项目运作中有种错误的理解，即承担市场风险的大多是项目承接方。实际上发包方在项目风险的承担中也起着举足轻重的作用。PPP项目按时交付或按时投入运营是发包方的底线，否则，在城市规划和发展布局中，特别是影响民生的基础设施项目的建设进展延迟，会受到行政处罚甚至法律惩戒。所以在分担项目风险中，无论哪一方，在项目进展或面对突发事件的处置方面都有一定的共识，不会因为单方面利益而分化项目合作的积极性与配合度。同时，在项目进展过程中，因为权责的不同和诉求的差异，PPP项目参与者在项目进行中也会有诸多争议和分歧，主要表现在施工条件方面的诉求和责任承担与随合约转嫁层面的争议，后者是项目参与者最大的问题。这也是彰显《中华人民共和国民法典》《中华人民共和国刑法》《中华人民共和国劳动法》等法律权威的体现，因为我国在法制建设和法制化社会推进过程中，上述法律已经较为全面地规定了诸多争议的解决原则和办法。

因此，风险的初始分担需要由私人和公共部门双方签订特许合同，在项目的运作当中发生特定风险时，可以按照合同的规定来承担相应的风险。而风险的再分担与初次分担不同，指的是双方对最初的风险分配方案不满意，而且的确存在风险不合理分担，导致双方无法按照初始约定的条款来分担风险，经过双方再谈判，调整风险分担。[①]另外，在PPP项目实际建设和运营当中，风险会不断产生，且复杂多样，风险由谁承担、承担多少，都应有明确规定，若参与方都存在异议便会涉及风险再分担问题，或者是利益受到损害的一方希望通过再分担的方式来维护利益。

---

① 李瑾嫔. PPP模式下的法律风险研究［J］.中小企业管理与科技（中旬刊），2017（2）：118–119.

二、PPP项目市场风险的预防措施

本书通过对PPP项目市场风险典型案例进行分析，认为PPP项目市场风险应由最适合的一方承担。PPP项目的市场风险主要发生在项目的实际建设过程和后期的运营过程当中。因此，根据PPP项目运行过程进行风险机制设定，落实临时性再谈判程序和合同争端解决机制进行风险防范等，对于预防市场风险的发生就显得尤为重要。

（一）制定完善合同体系

1. 增强合同的预防性和全面性，应对具体的PPP市场风险

在以往的项目签约中，有的PPP合同条款过于僵化，而PPP项目作为一种新兴投资模式，具有投资周期长的特点，因此特许权协议显得尤为重要。在特许权协议中，除了一些合同固定条款外，还可以在合同中预先设定预防性条款，在谈判之前根据项目评估综合报告，深入讨论后签订。在PPP市场风险因素中，出现竞争性项目而无法保持项目的"唯一性"是社会资本参与投资的最大顾虑，合同签署后地方政府可以在这方面作出更多的关注。此外，社会资本还可以提出由地方政府购买项目经营的基本流量去尽可能地消除竞争项目对自身的消极影响，同时保证项目的基本收益，使市场收益不足和市场需求变化风险在一定程度上得到降低。对于利率风险、外汇风险和通货膨胀风险，可采用远期利率合同、远期汇率合同和调价机制，锁定汇率未来支付设备款、最低利率以及调价范围，用可调整空间去应对未知市场变动风险。融资形式单一所导致的融资不足风险可通过预先设定PPP资金，运用专业化、规范化运作方式降低融资成本来化解。

2. 明确约定项目各方所承担的风险范围

在PPP投资模式中，参与者并非只有社会资本方，地方政府部门作为项目合同的签订主体，同时也可能是项目公司的股东，应当共同承担市场风险。因此在开展项目签订协议时，双方可对各自承担的风险进行明确而具体的约定。其中，利率风险、外汇风险、通货膨胀风险是市场运作中无法准确预测的，在实际操作中可以设置这三个风险值的波动上限，一旦超过则可增加地方政府部门共同承担。项目的"唯一性"风险应当由地方政府部门承担，由于PPP项目投入大，作为接受融资的

一方需要履行相关的义务，不允许竞争性项目在合同期内出现。而市场需求变化风险、收益不足风险和融资风险则应当由私营部门承担。作为投资方，社会资本应具备相应的投融资能力和市场企业经营能力，需要对市场收益和需求进行预测评估，对于预测不准确所导致的市场风险，私营部门要做好应对风险的准备。而关于融资，若社会资本方在中标后无法实现融资，说明其在前期运营中无法吸引相关融资方，经营出现问题，那么地方政府部门可取消其经营资格。

3. 制定公平公正的合同争端解决机制

任何项目的合同中都会有相应的违约惩罚条款，但是PPP项目如果失败了，私营部门在清算谈判阶段更容易处于相对劣势。因此，合理、规范的争端解决机制和程序就显得尤为重要。PPP项目合同纠纷可以在项目合同中约定采取相互协商解决、调解、仲裁或者司法判决诉讼等方式来解决。①

发生争议后，PPP项目合同主体一般应先通过友好协商的方式解决。若协商不成，可根据《中华人民共和国人民调解法》采取调解方式解决合同争议。调解时可由PPP相关专家介入，这样可花费较短的时间解决PPP项目核心问题。若协商、调解都不能解决项目合同争议，则PPP项目合同各方可通过预先达成的仲裁条款申请仲裁。可以约定异地仲裁，以排除可能存在的行政保护，保证仲裁的公正性。

从公平原则出发，根据"谁违约，谁承担"的原则，地方政府部门有义务承担相应的责任，私营部门则承担其市场经营失败所带来的损失。PPP协议具有民商事合同和行政合同的混合性质，因此在协商、调解、仲裁都无法解决合同争端时，应采取选择性的救济模式即进行行政诉讼或者民事诉讼来解决争议。

（二）PPP模式市场风险防范途径

在PPP市场风险防控建设当中，可以设置专门委员会，全程监控PPP项目风险，做好前期观察及可行性分析，从多方面对PPP项目风险进行评估，做好预算、支出风险控制工作，强化风险管理，通过防控机制促进风险的分散、转移以及对冲，实现风险的最小化。公私双方也需要构建起风险防范机制，预测项目过程中可能存在

---

① 樊阳. 论我国PPP模式法律制度构建［D］.济南：山东大学，2017.

的风险，制定合理的规避措施，减少风险的发生。[①]PPP项目所面临的市场风险形式多样，错综复杂，必须对风险进行正确识别和合理分担，这对PPP项目的成功意义重大。[②]项目各参与方或多或少都需要承担一定的市场风险，可从如下几点进行市场风险防范。

1. 建立PPP项目市场风险预测模型

PPP项目市场风险预测模型的建立便于地方政府和私营部门更准确地在项目运营前期判断市场风险的大小，通过有效的防范措施去降低市场风险发生率。虽然风险预测模型需要专业的团队和设备，会增加项目的成本，但这些成本的付出会为地方政府和私营部门带来更稳健的运营和收益。地方政府和社会资本方作为合同签约双方，都应当具备项目评估预测能力，依据科学的市场风险评估技术与方法，对PPP项目的整个生命周期进行全覆盖的风险预测和监管，把双方风险评估报告的对比磋商步骤作为合同签约的前置审核程序，为风险的合理分担做好前期审核工作，从而达到初步防范风险的目的。

2. 规范谈判程序，设定PPP项目市场风险再安排谈判

PPP项目的运营周期甚长，谈判通常并不能一蹴而就。有学者认为，当PPP项目在漫长的承建和运营中进展不利时，做出风险分担方案的再调整，有可能避免项目失败的风险。[③]PPP项目的时空跨度非常大，再科学的风险与效益预测都无法完全适用于项目的整个运营期，加上地方政府的政策法规也会随着时间的推移不断变化，因而合同设定的相关应急预案和再谈判机制的建立能够在项目运营遇到突发情况或者相关问题时做出调整，可以使整个项目的运营更加具有现实性和灵活性，从而降低整个项目的市场风险。当然，再谈判机制的确立和执行需要专业的团队去运作，准确估计损失以及再谈判的成本和收益以确保更好地取得预期成效，推动项目的优化运营。

---

① 杜娟. 城市轨道交通PPP项目采购阶段法律风险防控研究［J］. 水利水电施工，2017（3）：131-136.

② 郑恒驰. 我国政府与社会资本合作（PPP）项目合同的法律风险控制研究［J］. 楚天法治，2017（6）：105.

③ 陈玎. 公私部门合作中的风险分配失败：一个基于网络治理的分析框架［J］. 复旦公共行政评论，2011（1）：51-68.

3. 建立项目信息平台，充分参考公众意见

PPP项目作为民生建设重大工程，受众是普通社会公众。有些PPP项目失败的原因是信息不公开、不透明甚至虚假宣传，引起当地民众的不满和反对。因此地方政府与社会资本方需要在PPP项目运营前期建立信息公开平台，对项目的相关信息，包括审批程序、经营流程、收益风险等内容进行披露，保障民众的知情权；同时接受社会各界的反馈，汇总意见形成方案后可对项目做出调整。特别是在前期评估阶段，更要重视社会各界的参与，只有集思广益，才能更好地防范各种市场风险的产生，推动项目顺畅运营。

4. 建立PPP市场风险防范机制

（1）预防机制。实践表明，"堵不如疏，治不如防"。在防范PPP项目的市场投资风险中，预防才是关键。当然这需要总结相关行业的经验和教训，结合相关行业的技术与特性，根据其关联性进行有效的事件、事故或突发事件的预防，建立相关的责任认定制度或法定认定机制。

（2）项目推进责任制。PPP项目一般应用于大型民生工程或市政项目，其时效性也是显示地方政府机构行动力的一个显性"窗口"。按时、保质推进PPP项目是项目建设的一个重要标准。根据这一标准，制定一个有效的项目推进制度就显得尤为重要，项目运作中需要制定详细的项目进度计划，把责任落实到人。

（3）风险分担责任制。为保证项目进度，降低项目投资风险，应当根据相关法律法规规定明确责任风险分担方式与承担量级，约定相应的风险分担条款，以此划分责任的承担方与具体责任人。

（4）激励机制。要充分调动PPP项目中各参与方的积极性，吸引更多的资本参与其中，为项目的顺利实施保驾护航。从荣誉、精神和薪酬等各方面入手，调动工作人员的积极性，一定程度上可以防范市场风险和建设风险。

（5）促进监督机制的完善。需要对PPP项目中各参与方人员的行为进行监督，避免出现违规操作，对不法行为需要及时惩戒。另外还需要对PPP项目的规划、建设和后期的运营加强审核和监督，使项目资金的安全性得到保障，降低市场风险。

（6）恪守契约精神。即社会资本方与地方政府部门之间应当严格遵循契约精神，合同应对各方的职责以及违约的责任进行明确的规定，要体现平等互利原则，

同时还要制定违约防范措施，将违约情况纳入项目考核范围中，按照合同对项目进行管理，降低运营风险和市场风险。

（三）地方政府职能的发挥

作为项目的参与方，地方政府部门需要为参与部门提供合理的支持，如政策性优惠等，或给予技术和咨询方面的帮助。①地方政府不仅扮演着参与者的角色，更应该发挥其提供公共产品和服务、进行资源配置的作用。根据社会经济发展情况、PPP项目实施现状，地方政府需要发挥调节社会各方力量的职能，推动PPP项目的实施，提高合作效率。

虽然承担市场风险的主体主要是社会资本方，但是政策和法规的变化也会对整个经济环境产生影响，进而加剧市场风险。地方政府需要对社会资本方进行正确的引导，给予大力支持，提供税收优惠政策，制定操作流程，提供约束行为的依据和规范，并为社会资本方提供法律咨询及技术支持。地方政府还需要在PPP模式下积极转变自身的职能，从社会管理者变为引导者和监督者，在合同签订时应当兼顾双方利益，明确责任及权利。采用这样的方式可以降低地方政府因为信息不对称所带来的利益受损的发生概率②。在项目的运营阶段，地方政府部门需要加大对项目的监督力度，确保社会资本提供的服务和设施可以满足环境及安全方面的相关标准，同时降低其带来的市场风险。

综上所述，通过对已有的案例进行分析，结合这些案例给我国PPP项目今后开展所带来的经验和借鉴，可知PPP项目市场风险可能会降低预期收入，使参与者的积极性不断降低，也基本可明确现有的市场风险承担机制中，地方政府部门一般承担政策、法律变更所带来的风险，而社会资本则需要承担市场风险，另外在风险分担的过程中也会因为各种因素的影响，使得风险需要再分担。针对市场风险中存在的问题需要提出相应的应对措施，比如构建完善的机制和制度，加大对风险防控的重视力度以及发挥政府职能，加大会计核算力度等。这些措施的制定和落实可以对市场风险的防范起到一定的作用。

---

① 夏宏武，柳光强．PPP模式风险分析及其防范研究［J］．财政监督，2017（4）：23-26.
② 潘璐．PPP项目收益权证券化的法律研究［D］．重庆：西南政法大学，2017.

　　社会资本方与地方政府签订的相关协议主要用来调整项目运营发展中出现的问题。当社会资本方面对市场风险难以持续经营而向地方政府申请价格调整时，地方政府方应基于项目持续的必要性和社会公益性的原则，决定是否同意社会资本方的申请。在无法上调价格的情况下，可给予社会资本方一定亏损比例的补贴，该比例可以结合实际情况由社会资本方与地方政府双方共同确定。对于PPP模式项目唯一性竞争风险的预防措施，社会资本方可与政府部门达成一定期限内项目唯一性运营的明确约定。因此，PPP模式运营过程中，地方政府需监管好风险分担，加强合同管理，通过合同明确双方应承担的责任以及需要共同分担的市场风险。

第五章

PPP模式违约风险的法律分析

PPP项目违约风险类型特征

PPP项目是比较复杂的系统，易随着项目的内部因素和外部环境的变动而改变，例如会受到政治环境、法律环境、市场环境以及自然环境等多方面因素的影响。同时因为PPP项目周期比较长，所以在项目进行过程中，从项目融资、设计到项目建设，再到建设完成后进行运营等的每一个阶段都存在不确定性。这些不确定性影响着各参与方的合同履行能力。

PPP项目合同违约风险是指地方政府、社会资本方或其他利益相关者没有按照约定好的或拟定的协议来完成己方应履行的义务，并因此造成双方利益受损，对PPP项目也造成了间接或直接的损害。[①]PPP项目合同是规范各主体的依据，而同一个PPP项目里合同类型众多、有效期长，合同与合同之间环环相扣，导致合同的违约因素更多、风险更大，一旦某一部分的合同出现违约，将有可能影响整个项目的进展。

一、PPP项目违约风险因素分析

（一）现有法律存在冲突

就我国当前关于PPP项目的立法现状来看，我国地方政府部门十分重视PPP相关项目，也加大了推广力度。PPP模式的相关立法从无到有，再从有到慢慢形成体系，为我国PPP模式的具体实践奠定了基础，提供了保障。但不可否认，我国当前

---

① 沈光. PPP项目中的政府违约风险分析与防范［J］. 门窗，2016（4）：237-238.

关于PPP项目的相关法律立法层级比较低，专项立法也并未出台，这反映出我国的PPP相关立法仍然无法满足社会经济实践的要求，不同部门的文件之间存在冲突与不协调的地方，有的甚至前后相互矛盾，这些都给PPP模式的具体落实带来阻碍。具体表现为：

第一，特许经营规则和配套法律之间存在冲突。我国在《基础设施和公用事业特许经营管理办法》中有明确的规定：PPP项目合作期限一般为10年至30年，对于投资规模特别巨大、回报周期长的特许经营项目可以由地方政府和特许经营者根据项目实际情况，约定超过30年的特许经营期限。[①]《中华人民共和国民法典》（合同编）规定，租赁期限不得超过20年，超过20年的部分无效。而实践中较多的特许经营项目用地是以租赁方式取得的，在特许经营权内，项目用地就属合法合约使用。但《中华人民共和国民法典》的效力层级高于《基础设施和公用事业特许经营管理办法》，这就导致在PPP模式中采用租赁土地的方式获得项目用地有诸多不便。虽然20年期满后，项目双方可以选择续订土地租赁合同的方式来使项目用地合法化，但这样仍是给项目推进带来诸多不利影响，加大了项目的违约风险。

第二，当前的PPP项目大部分是非经营性和准经营性的项目，纯经营性项目少之又少。为了使非经营性和准经营性项目的营利能力增加，地方政府对盈利性资源的配置就成为一条重要的解决途径，其中"PPP+土地"的模式更是得到了很多人的关注和青睐，但此模式与国家的土地政策存在一些冲突，因而在具体推广时受到法律的制约。

第三，国家发展改革委和财政部都将PPP协议定性为民事协议，因此采用的解决争端方法也是民事解决机制，同时规定项目争议涉及具体行政行为的可以提起行政诉讼或者复议。2015年行政诉讼法又将PPP协议纳入行政协议当中，前后不一致给PPP项目的具体实践带来了新的困难。之后出台的与PPP经营协议相关的办法对PPP协议的性质则未做明确的规定。这些都对PPP项目的进一步推广产生不良影响。

（二）法律制度变更因素

在PPP项目实践中法律变更也会导致其中一方可能出现违约行为。相关法律变

---

① 参见国家发展改革委、财政部、住房和城乡建设部、交通运输部、水利部、中国人民银行令第25号《基础设施和公用事业特许经营管理办法》第一章第六条相关规定。

更可能会对PPP协议部分条款乃至整个合同体系的有效性产生影响。我国当前针对PPP项目的操作规范是以国务院及各部委制定的文件为保障，但其法律层级和法律效力比较低。我国当前经济处于转型阶段，也为PPP项目增加了更多的不确定性因素。法律变更不仅会影响投资人，使其无法按照合同制定的计划来顺利收回投资，而且会让地方政府付出较高的代价。若项目失败，则会损害公共利益，对经济发展产生不良影响。为维护公共利益，有时地方政府不得不以更高的价格回收项目，因此，因法律变更而造成的不得已的违约可能还会影响到地方政府的公信力。[①]

（三）项目合同主体方违约因素

地方政府部门违约行为大致可以概括为监督管理不到位和合同履行不到位，社会资本方违约因素可概括为投资回报不能达到预期或者经营不善导致项目公司破产。具体表现有如下几点。

第一，地方政府部门监督管理不到位容易造成PPP项目偏差，甚至远离实现公共利益这一初衷。所以当出现了关系公众利益的负面影响时，地方政府可能会因着重考虑社会公众的最终利益而要求社会资本退出。现在的很多PPP项目都是以基础设施建设的形式出现，这些项目关系到社会大众的切身利益与人民的日常生活，地方政府可能因种种原因而难以兑现合同签订时的承诺。例如高速公路或高铁桥梁的征地拆迁问题，又如一些垃圾焚烧场或石油与天然气开发地的环境保护与经济发展之间的矛盾等问题。除了这些显性问题之外，还有一些隐性问题。总的来说，种种现象的存在使得地方政府方有时不能完全按照合同中的约定履行合同。

第二，在项目合作中，如果地方政府方没有按照所拟定的项目合同履行应该尽的义务，社会资本既得不到自己应该得到的利益，又没有有效的救济渠道，不得不选择退出项目，这就直接损害了合作方的利益。实践中可能有个别地方政府部门未到实地进行考察与调研，未周全考虑当地的具体现状，没有考虑到对所在地区未来长远的经济效益和社会效益就跟投资方签订一系列脱离当地实际的合同吸引社会资本进行投资。项目建成后，政府部门负责人任期一旦结束，该项目就面临被取消建设或难以实际执行的风险，违约问题将直接损害合作方的利益。

---

① 蒋逸凡. 我国PPP项目风险综合指数的测度［D］. 保定：河北大学，2017：33-35.

第三，社会资本追逐利益的本质与PPP项目的公益性特性存在着明显的冲突，导致项目合同主体因价值目标不一致而违约。资本具有逐利性，当社会资本方因实际回报与预期投资回报相差太大，或者受市场风险、运营风险等因素影响出现经营管理不善甚至项目公司破产时，社会资本方往往会舍弃公共利益而选择违约来止损。例如：工程建设的项目进度延迟导致在合同期内无法完成约定的工程，从而产生违约行为；项目公司经营管理不善破产或者资不抵债；项目公司没有按照合同约定提供商品或服务。

（四）PPP项目合同期比较长

我国已有的法律规范中对PPP项目的合同期限进行了界定，即最长不得超过30年。[①]在具体实践当中，根据不同项目的实际特点，一般项目都在10年到30年之间。社会资本和地方政府一般会采用协议来明确在未来的几十年当中各方的责任，这也对协议的制定提出了更高的要求。如果协议约定得过于详细，则可能无法适应之后法律、市场和政策的变化，但是如果过于笼统，又无法使实践操作当中的问题得到切实有效的解决。[②]

二、PPP项目违约风险类型分析

合同是PPP项目的灵魂，其风险主要体现在地方政府和社会资本方在PPP项目开展过程中没有按约定履行合同而导致风险的发生。就违约风险的类型而言，可以从地方政府角度和社会角度两方面来划分。

（一）地方政府部门违约类型体现

地方政府部门违约也可以称为地方政府信用风险，指的是地方政府在PPP项目开展的过程当中未能按合同约定履行义务，造成项目风险。如因地方政府的决策有误差、人民群众的反对、项目执行不合规、自然环境变化、政策因素变化等导致地

---

① 刘涛. 高速公路PPP项目公私双方风险管理研究［D］.昆明：昆明理工大学，2017.
② 杨振兴. 高职院校新校区PPP项目法律分析［J］.河北北方学院学报（社会科学版），2017，33（3）：83-87.

方政府无法履行合同约定。

在已有的地方政府违约PPP项目中，地方政府所作出的不合理的承诺是导致其违约的重要原因。①根据PPP项目相关财产权保护制度，地方政府应当向社会资本主体以及行政相对人承诺，能够在PPP项目合同中履行自己应尽的责任和在规定时间内完成自己应尽的义务。地方政府要结合自身的实际情况谨慎承诺，确保所做出的承诺稳定有效，以此确保能得到投资者的信任。如果地方政府没有结合本地实际情况，疏于考虑自身履行合约的能力和自身的财政能力，没有对项目进行谨慎合理评估而轻率地做出不切实际的承诺，将给社会资本方及项目带来损失，从而减弱社会资本方投入到基础设施建设当中的动力，可能使社会公共利益受到损害。

（二）社会资本方违约类型体现

作为合同的另一方，社会资本方同样也会存在违约情况。比如在工程建设中出现了质量不达标的问题而引起违约，或是由于融资失败而造成的违约等。同时，为了得到更多的投资回报，有些社会资本方存在不同程度的投机心理，因此地方政府部门也需要严格把控工程的质量和进度。②同时还需要用更加科学与合理的方案来对利润进行合理分配，保证融资架构更加合理。导致社会资本方出现违约最为常见的因素就是融资模式不合理或融资架构不合理。

如果PPP项目建设中所选择的社会资本方缺乏相关的经验，而PPP项目的建设复杂度比较大，要求又很高，则有可能发生社会资本方违约。投资方应当具备实施PPP项目的相关经验和资金，承包方需要掌握最好的技术，以便更好地运用到项目建设过程当中，而运营方必须具备良好的运营能力。社会资本方违约的常见原因还包括融资方式不合理，具体是指融资流程不合适或金融市场不够全面导致风险出现，资金筹措困难是其最为明显的表现。一些项目在初期便投入了大量的资金，但是到项目的后期频频出现缺乏资金的情况，最终出现违约问题。

① 李强，韩俊涛，王永成，等. 基于层次分析法的铁路PPP项目风险评价［J］. 铁道运输与经济，2017，39（10）：7-11.

② 星焱. 我国PPP项目资产证券化中的问题与对策［J］. 证券市场导报，2017（5）：40-44.

三、PPP项目违约风险责任承担主体

针对违约主体的不同,承担违约风险责任的主体也会有所区别,如果是地方政府违约,承担违约责任的主体就应当是地方政府;反之,如果是社会资本企业出现违约,承担违约责任的主体就应当是社会资本企业。

(一)地方政府部门

在PPP项目中,如果是地方政府违约导致违约风险的发生,那么也就意味着地方政府没有按照双方所拟定的合同或者协议来履行自己的应尽义务。通常情况下导致地方政府部门出现违约情况的原因比较多,除了相关的法律因素和政策因素,还有在PPP项目实际落实当中的主客观因素。无论如何,如果是因为地方政府部门的原因所引起的违约风险,那么地方政府部门应当承担相应的违约风险责任。

(二)社会资本企业

在PPP项目实际开展的过程中不乏一些企业为了得到地方政府的优惠政策,积极参与到项目招标当中,但其自身的综合能力可能并不是很好。这些企业在中标后参与到项目的实际建设当中时,会由于自身水平的限制,无法按时履行合同上规定的责任和义务,出现违约情况。

第二节

PPP项目违约风险案例研究

一、北京"鸟巢"PPP项目案例研究[①]

（一）项目要点

2008年北京奥运会赛场，也就是大家都很熟悉的"鸟巢"，是我国第一个运用PPP模式的大型体育场馆。"鸟巢"项目的经营期限是30年。在这个项目的总投资中，中信联合体投资占比为42%，北京市国有资产经营公司代表北京市政府投资占比58%。合作双方以中外合资的经营模式建立了公司，并命名为国家体育场有限责任公司，这个项目公司主要负责"鸟巢"的投资、融资、建设和后期的运营管理等工作。在中信联合体的投资中，中信集团出资约占整体资金的65%，北京城建集团出资约占整体资金的30%，美国金州公司出资约占整体资金的5%。

在北京奥运会结束后不到一年的时间，北京市政府和中信联合体签订了《关于进一步加强国家体育场运营维护管理协议》，并对项目公司进行了股份制改造：北京市政府所授权的投资机构把拥有的58%股份改成了公司股权，接手了"鸟巢"的经营管理工作并承担了相关的责任。中信联合体成员拥有其余42%的股权，主动放弃了30年的经营权，并改成永久获得利益的股东身份。这在一定程度上也说明"鸟巢"项目的建设运营中第一次运用PPP模式以失败告终。

---

① 王泽彩. 政府和社会资本合作模式典型案例［M］. 太原：山西经济出版社，2016：92-97.

（二）"鸟巢"项目违约风险分析

1. 社会资本总投资主体方违约风险分析

PPP项目合同投资主体方违约源于社会资本的逐利性与PPP项目的公益性之间潜在的利益冲突，"鸟巢"项目合同主体因价值目标不一致而违约。"鸟巢"项目的设计具有比较独特的文化气息和人文特征，辅以最好的服务和完善的场地管理，应能吸引国内外的体育比赛和更多大型活动，具有良好的盈利预期。但到"鸟巢"项目实际运行时，顶盖的可闭合设计被取消，国家体育场的品牌度和吸引力大大降低，其市场范围缩小，多为地方政府部门、大型私营企业或慈善机构选择在"鸟巢"举行活动。实际上，每年在"鸟巢"举行的大型活动不足20场。总而言之，实际市场份额比预测的小得多，项目公司面临收益降低的问题，最终导致中信联合体违约。

2. 地方政府违约风险隐患分析

北京市政府在"鸟巢"项目中未能履行全部合同义务，是导致"鸟巢"项目失败的原因之一。北京市政府在这个项目的实施过程中履行合同不到位之处有几个：一是"鸟巢"项目在最开始的设计中停车位是2 000个，但是北京市政府因为要为整个奥运会建设一个更大的停车场，所以就要求项目公司减少了1 000个停车位。这就造成"鸟巢"停车位严重不足，很多人只能把车停到附近的停车场再走到体育场，影响了体育场的正常运行。二是北京市政府因各种因素考虑要求减少体育场中的商业设备，进而影响了整个项目的租金收入。三是北京市政府取消了"鸟巢"顶部的可闭合顶盖，这也影响了体育场的商业运行，降低了项目的收益。北京市政府的做法虽然从单项问题看不至于直接导致"鸟巢"项目的违约，但均增加了后续"鸟巢"项目运营的违约风险。

3. 项目合同变更风险分析

首先，"鸟巢"项目的规划和建设相分离增加了项目的违约风险。地方政府方未能与社会资本进行充分沟通。社会资本采用与自身企业理念不符的建造概念，容易与地方政府方的要求产生偏差，这也是违约风险的来源之一。项目公司内部对项目的拆分建设不仅引起项目建设过程的责任分担不清晰，也导致了利益纠纷，增加了项目的违约风险。

其次，项目的合同变更风险是PPP项目中的常见风险。北京市政府主动承揽了项目的设计，但后续变更了一些建造标准，如取消可闭合顶盖，减少体育场中的商业设施等。项目实施之初并没有明确约定合同如有变更双方应该如何应对，各自如何承担风险和责任，各自承担的比例多大等，只是模糊规定双方共同承担。这是后续一系列纠纷产生的主要原因，并影响项目的顺利完成。PPP项目是长期的，其违约风险因素更是多样而复杂。这也意味着PPP模式项目合同不能完全明确未来所有的可能性，因此项目合同需要具有一定的灵活性，尽量在项目合同范围内，对项目变化的情况加以处理，而不是轻易重新谈判项目合同或变更、终止项目合同。

（三）违约风险处置启示

1. 风险评估

在"鸟巢"PPP项目中，中信联合体不是"鸟巢"所有权的最终拥有者，所以中信联合体的收益完全依赖于未来30年的经营权。中信的投资额巨大，且对经营权期限也没有异议，因此从根本上来说，中信联合体是非常看好这次投资的。但是因为"鸟巢"在运营的过程中需要更多的资金投入，促使中信商业化开发，而"鸟巢"项目本身公益性质较强，合作双方主体价值观不完全一致，最终促使北京市政府收回"鸟巢"经营权。这就是"鸟巢"项目合作双方对PPP模式复杂性、长期性风险缺乏认识和科学评估，未深入开展物有所值评价以及市场行情和实际需求调研。这也导致合作双方不到1年就进行股份制公司改造，正式结束项目协议，终止项目。因此，PPP模式合作方对项目进行全面的科学风险评估，是把控风险和减少违约风险的重要举措。

2. 专业筛选

"鸟巢"PPP项目的经验与教训是，在未来实施PPP计划，特别是一些比较大的项目时，投资一定要理性，合作伙伴也要选择有专业能力的。社会资本在PPP项目中扮演重要的角色，在项目运营过程中将不可避免地面临各种严峻的挑战，一个建造成功的PPP项目在后期运营中未必会达到预期目标。假如合作方不够专业，没有很好的技术支撑或后期没有雄厚的资金进行运营，或缺少有关行业发展的建设和后期运营方面的经验，缺乏对隐藏风险的观察力，防范风险的意识不足，将很难保证项目的运营效率，无法保证项目的投资回报。"鸟巢"PPP项目符合北京市政府的要求，也完成了工程建设，但是不管是融资还是后期运营效果都是不理想的，因为中信联合体不具备专业优势，特别是运营管理经验不足。所以地方政府需要选择更加专业、能力更强的合作伙伴以降低违约风险。在基础设施和公共服务领域中运用PPP模式，要考虑很多方面的因素，既要考虑到地方政府的要求，又要满足合作方的需求，同时还要考虑地方政府的人力、物力、财力、融资难度和管理制度的优化等。专业筛选如果能上升到制度构建层级，将有助于PPP项目预防违约风险。

二、PPP项目违约风险防范案例启示

在不同的项目当中，由于执行的主体不同、项目内容不同、项目的执行方式不同等，违约的程度、责任追究的主体与弥补方法、项目后续的解决方法等都存在巨大的差别。

PPP模式进入中国发展至今已经有约40年，这期间PPP模式经过三个发展阶段，分别是2002年之前的探索阶段、2003年至2008年的快速探索阶段和2009年之后的调整阶段，PPP模式适用范围越来越广，同时有关的法律和法规也日趋完善，对项目的评估与执行也更为谨慎，但国内PPP项目仍然有许多典型的违约案例值得反思。

表5-1包含我国的10个代表性案例，通过分析对比，可以得出PPP违约风险的一些防范启示。

表5-1　国内PPP项目代表性违约案例

序号	项目名称	特许期	违约结果	违约终止原因	关键影响因素
1	北京京通高速公路	20年（1996—2016年）	运营初期收益不足	相邻的公路免费，挤占了京通高速的通车量	①竞争性项目②市场收益不足
2	沈阳第九水厂	20年（1996—2016年）	2000年变更合同，2001年、2006年分两次回购	合同约定的投资回报率太高，使水厂支付的水价高于沈阳市平均供水价格，严重亏损	①政策变动②地方政府履行不力③地方政府征用

（续表）

序号	项目名称	特许期	违约结果	违约终止原因	关键影响因素
3	常州横山桥污水处理厂	30年（2005—2035年）	2011年6月地方政府暂时接管	项目公司两次申请延缓项目竣工验收期限；污水管网污水外泄造成二次污染，村民反抗	①建设工期延误②公众反对
4	青岛威立雅污水处理项目	25年（2004—2029年）	水价的重新谈判	地方政府加深对项目的了解，认为原先定价不合理，要求重新对水价进行价格谈判	①决策冗长②地方政府信任危机③企业违规
5	福州闽江四桥	28年（1997—2025年）	2005年正式签署解除合作项目的协议书	周边新建道路，大批车辆绕行，导致通行费收入下降；地方政府拒绝履行关于补偿的约定	①同类项目竞争②地方政府履约不力
6	上海延安东路隧道	30年（1994—2024年）	2002年地方政府回购	2002年国家颁布了相关法规，明确指出要更好地处理现有的项目，和外方合作的项目须有一定的回报率，地方政府不得不回购	法律变更
7	泸清平高速公路	25年（2000—2025年）	2008年地方政府收回收费经营权	项目资金不到位，拖欠工程款	①项目公司违约②违法行为
8	武汉汤逊湖污水处理	20年（2003—2023年）	2004年武汉市水务集团回购	工程建成后，配套管网建设、排污费收取等问题未能解决，以致工厂闲置	①地方政府审批延误②配套设施提供不足③融资不足④地方政府信用危机

（续表）

序号	项目名称	特许期	违约结果	违约终止原因	关键影响因素
9	湖北十堰公交民营化	5年（2003—2008年）	2008年地方政府收回特许经营权	企业缺乏相应的公益性补贴，企业拒缴相应的特许经营费，工人不满意工资罢工，民众抗议	①公众反对②融资不足③地方政府监管无力④信用危机
10	深圳平湖垃圾焚烧发电项目	25年（2006—2031年）	2015年中国天楹收购此项目	污染物排放影响周边环境的同时，项目总投资与质量发生变化	①公众反对②企业能力不足

（一）地方政府部门违约

1. 因相关法律法规、政策变化引起的纠纷及防范措施

在PPP项目合同正式签订以后，后期因为新颁布的法律法规或政策变动与PPP合约条款出现矛盾可能会引起经济纷争。比如长春某污水处理厂的项目，在刚开始的时候，香港公司与长春市的合作非常好。可到了2002年，我国新法规规定不要求给予污水处理费，长春市政府就不再给项目公司污水处理费用，导致最后双方发生较大争议，协商无果后通过法律程序解决合同纠纷，该PPP项目就此结束。为避免这类事件再次发生，要特别注意以下几个问题：

一是在签订合同时签约主体应对合同条款进行严格的审查，避免新规对项目造成影响。最需要注意的就是"固定回报条款"和税务方面的优惠政策，要对未来可能变化的条款提前评估，防患于未然。

二是要提前制定针对法规变动的补救措施，并提前做好预补条款。例如，可签订如下条款："在协议有效范围内，如国家颁布了新的法规造成合同无法继续履行，则全部由甲方（即地方政府方）承担所有的风险和后果。"

2. 地方政府违反唯一性条款引起的纠纷及防范措施

通常PPP项目在合同磋商阶段就会制定关于项目经营的限制竞争条款，在一定年限和范围内，社会资本享有项目的单独经营权。但在实践中往往由于公共利益的需要，项目的"唯一性"难以保障，可能引发违约风险。其防范措施是双方要

将"唯一性"条款编入PPP项目合同，针对"唯一性"条款约定详细的违约赔偿规则，对于因公共利益的需要而不得已产生的违约也应在合同中规定相应的赔偿方式及计算方法等。

3. 地方政府征收征用引起的纠纷防范措施

《中华人民共和国民法典》（物权编）明确规定地方政府在特定情况下对土地有征收和征用的权利①，此项规定给PPP项目的投资人带来了一定的风险。为应对这种风险，双方可以在合同里做出相关约定，明确地方政府在征收和征用项目资产的时候双方如何解决。

（二）项目公司违约

1. 项目公司解散、重组、破产或资不抵债造成违约

在PPP合同签订以后，经常出现社会资本方由于经营不善等问题导致资不抵债，最终项目公司解散的情况，致使合同终止。因此，在合同中应提前做好预防措施：在项目的实施过程中，项目公司如果没有办法继续经营或者出现破产的情况时，地方政府方可以主动解除合同，还可以根据合同要求社会资本方赔偿相应损失。

2. 社会资本方没有按照合约进行开工和后期建造

在PPP项目中，社会资本方没有按照合同的约定进行开工和建造，超过工期造成违约的情况较为普遍。为了防止发生此类纠纷，双方可以提前在合同中进行约定，由于社会资本方的原因在开工和后期的建设中没有按时完成工程的，地方政府方有权解除合同，而且社会资本方要承担违约造成的损失。

3. 社会资本方提供的产品或者服务没有达到合同的要求

PPP项目合同中应当包含有关产品和服务违约的相对措施，若因为社会资本方工作管理不当，产生较大的质量和安全事故，地方政府方可以选择解除合同，社会资本方要承担违约造成的全部损失。

4. 社会资本方违反股权变更限制的相关约定

地方政府方在实施PPP项目的过程中会通过实地考察或者招标的形式，选出信

---

① 参见《民法典》第一百四十三条：为了公共利益的需要，依照法律规定的权限和程序可以征收集体所有的土地和组织、个人的房屋及其他不动产。

用度和资金方面以及管理方面都比较好的社会资本方。但是如果社会资本方在签订PPP协议后没有经过地方政府方同意就私自转让自己公司的股权，会给项目造成不利的影响。为防止这种风险的发生，在合同中要明确规定社会资本方股权可转让的年限，并约定需经过地方政府方同意或批准方可转让。

PPP项目违约风险的处置原则

一、PPP项目违约风险的法律关系分析

PPP项目违约风险的责任承担，需要区分违约的程度，即分为一般违约与重大违约，以此明确合同双方在违约时应承担的责任。一般违约与重大违约有如下区别。首先是违约的程度不同。一般违约的程度不算严重，经过补救之后，合作还可以继续进行；重大违约是对合同的实质性条款的直接违反，这种情况下已经没有办法继续合作。其次是违约后应承担的后果不同。一般违约的情况下是可以继续履行合同的；但是重大违约发生后，守约一方有权单方面解除合同。PPP模式中的一般违约风险主要包括两个部分：一是发生真实的违约事件，也就是对合同中应当遵守的合同条款没有遵守；二是发生不确定性违约事件，也就是突然发生的违约事件。

PPP项目当中，参与主体大致分为地方政府部门和社会资本主体，社会资本主体可以进一步划分为项目公司、金融公司、设计、监理、施工单位及招标代理机构等。项目中的合同主要包括以下几类。

（一）前期协议

在项目开始之前，地方政府一般会先和社会资本方签订一个大概的协议。社会资本方和地方政府双方都是协议的主体，协议的内容比较简单，具备很强的原则性，主要目的就是使双方的合作意愿得到强化，同时明确基本合作条件和业务具体领域。协议具备一定的法律约束力，应当在后期正式合同的签订和履行当中遵循。一旦违反约定也需要追究缔约过失责任。

（二）项目合同

地方政府部门通常会采用招标的方式来确定社会资本方，双方再借助合同的具体条款来确定边界条件，签订PPP项目相关合同。在合同当中，社会资本方可以对三方面的特定内容进行规定：一是可以引入战略与财务投资者，实施PPP项目合同；二是采用施工总承包的方式；三是项目公司可以继续享有社会资本方的权利和义务。另外，在项目公司成立之后需要签订项目实施合同，明确双方的权利和责任，也可以采用签署补充协议的方式来完成。

1. 担保合同

PPP项目实施过程中，项目公司作为融资主体，需要和金融机构及其他资金提供主体签署相应的融资协议。担保是融资当中的关键，项目公司可以采用自身资产或者收费权来进行抵押或质押，若难以实现则可以考虑让地方政府部门来担保。

2. 建设相关合同（包含施工、设计以及监理等）

相关方应当具备施工条件及相应资质，按照PPP项目合同的相关规定来签订施工合同。通常，PPP项目可以进行工程分包，实践中各分包人提取管理费，不需要直接与工人签订大量的劳务合同。设计合同一般由地方政府招标之后再确定，但是需要地方政府和社会资本方签订委托协议。[①]

3. 合同条款及法律关系

在项目合同及各系列子合同签订的过程中，应注意其中涉及的各类法律关系对违约风险的影响。

（1）原则条款。合同双方需要对签订合同的相关主体以及履行合同的基本事项进行保证和声明，明确各方违反声明和保证对应当承担的责任，明确合同的正文、附件以及变更和补充协议等。

（2）主体条款。地方政府方应当是具备一定行政权力的地方政府部门或地方政府授权的相关机构，社会资本方则必须符合一定的条件。主体条款主要是对各方主体的权利和义务进行界定，要求各方主体依照法律履行项目中约定好的相关责

---

① 谷民崇. "PPP项目" 主体合作与破裂的行为研究 ［J］. 科技管理研究，2017, 37（2）: 186-190.

任，遵守项目合同以及配套条件。

（3）标的条款。标的条款是对地方政府和社会资本方合作关系中的一些重要事项进行约定，包含排他性、履约保证以及合作期限、内容等；对项目合作的边界以及地方政府提供的条件和措施进行明确；明确社会资本主体在项目合作中获取回报的相关途径；明确社会资本主体在合作过程中对相关有形和无形资产的权利，如收益权、使用权和处置权等。

（4）风险分配条款。设置合同条款时应注意：由更能控制风险的一方承担相关的风险，回报的程度与风险承担大小呈正比，风险的承担必须有上限。

（5）执行相关法律关系。主要指项目合同在落实执行过程中涉及的法律关系的处理。具体如针对项目公司设置相关技术、经济及财务等方面的标准、编制以及审核方案，对项目合作前期相关工作及任务进行分工和明确违约责任等。对于地方政府而言在前期工作开展过程中对那些需要由社会资本方承担的工作，应当对范围、支付方式等进行明确约定，确定前期工作的知识产权归属，做好在前期工作当中出现的违约行为的责任划定。[①]

（6）移交相关法律关系。对地方政府而言，如果项目前期需要向社会资本主体移交特定资产，则应按标准履约，如违约，应当承担相应的责任。而对于社会资本方而言，项目完成后需要与地方政府确定所移交的项目的标准、移交质量和违约责任。

（7）合同变更、修订和转让等相关法律关系。即针对合同内容变更和修订等引起其他法律关系的变化进行相应的约定。

（8）违约法律关系。对合同其他条款中没有具体约定的事项，可以在违约法律关系的处理时进行约定，或在合同违约条款中详细列举可能涉及的违约情况，并且明确违约责任的承担方式。

二、PPP项目违约风险的责任承担

在PPP项目中，地方政府部门需要和社会资本方签订相关的协议和合同，但是

---

① 刘素坤，郭丽. 污水处理PPP项目风险识别研究［J］. 山东工商学院学报，2018，32（2）：38-44.

受各种因素的影响，有时会发生项目失败、合同终止的情况。因为最终导致合同终止的原因不同，所以在处理上也有很大的区别。一般情况下，主要涉及回购义务和回购补偿两个问题。

回购义务。如果是因为项目公司有关的原因导致的违约，地方政府可以选择不回购。

回购补偿。这需要区分是地方政府还是社会资本方违约，以此来确定具体的违约责任承担方法。

如果是地方政府出现违约行为，其需要承担责任，支付相应的回购补偿，具体包括：清偿贷款，其中可能包含逾期没有偿还的、剩余的贷款本金以及利息，提前偿还的违约金等相关内容；支付项目公司在项目完全结束之前投资的总金额，如果情况允许且有必要，还应当开展相应的审计工作；支付其他因项目提前结束而产生的相关费用，比如雇员补偿费用和违约金等。一般地方政府部门和项目单位都会在PPP项目所签订的协议中制定关于项目利润、违约损失的划分和回购补偿标准等相关条款。

如果是因项目公司的原因导致违约，那么在核算回购补偿时，可以采用账面价值和市场价值两种核算方法，其中账面价值核算需要按照项目资产的账面价值来完成需要补偿的具体金额的计算；而市场价值核算则需要按照合同终止时市场普遍的价格来计算补偿。

若项目在实施过程中出现了不可抗力，则需要合同双方一起承担违约风险。合作方在项目终止前应付清所欠全部债务。[①]补偿的过程中会把保险理赔的金额扣掉，不包含预期的利润损失。补偿的支付分为分期付款和一次性全额支付。

三、PPP项目违约风险的救济途径

法律救济主要指法律关系当中的相关主体在其合法权益受到损害或侵犯时用于补救和恢复的相关法律制度。当前常见的法律救济方式有民事诉讼、行政复议、行政诉讼以及国家赔偿等几种方式。法律救济的特点表现为其受理机关必须由法律授

---

① 刘晓. 基于案例的公路PPP项目风险分析［J］. 交通世界，2017（18）：10-13.

权且受理的范围以及程序十分严格。相关法律文献指出了这几种救济方式受理的范围。对于采取行政救济手段的，相对人可以先行申诉，申诉内容应当清楚、明确。从知道行政行为之日起的60日之内，相对人可以提出行政诉讼。对于这类行政诉讼，一般审理方式相对简单明确，通常采用书面审理的方式，特殊情况也可以调查取证，听取意见。最终做出的决定具备法律效力，可以强制执行。

根据承担违约风险主体的不同，在进行违约风险救济时也需要结合主体来采取具体的应对措施。[①]

（一）违约风险防范

在PPP模式中，地方政府是核心主体，相对于社会资本方具有地位上的优势。而社会资本在项目运作中具有管理经营权，能直接影响项目的走向。作为PPP项目中最主要的投资主体，双方都应注意违约风险的防范。降低违约的法律风险主要有以下几种手段。

1. 开展科学的风险评估

PPP模式最主要的目的是以最低的成本得到最大的收益，但并非所有的项目都适合PPP模式，所以应当进行科学的风险评价。对于市场化程度高、有长期稳定的需求且投资规模大的项目可以采用PPP模式，在这个过程当中地方政府必须针对具体项目进行专门的评估。当前主要是由行业部门和财政部门联合进行项目的物有所值评价。除了需要开展物有所值评价以及论证地方政府的财政承受能力外，还应当调查论证项目的市场行情以及实际需求。原则上，双方都应当调研具体的市场需求情况，地方政府不能盲目接受社会资本方提供的数据，而是需要以公平认真的态度进行调查。社会资本方也不能完全把地方政府的要求当作市场的全部要求，要结合自身真实情况，合理预测项目的实际收益情况，做出正确的选择。

2. 谨慎筛选合作方

社会资本方在PPP项目中承担着融资建设以及运营等职能，是整个项目中的重要部分。在项目进行过程中，为了减少社会资本方的违约风险，地方政府需要选择更加专业、能力更强的合作伙伴。要使PPP项目顺利开展，地方政府应当按照相

---

① 康真银. 高速公路PPP项目的风险评价研究［D］.赣州：江西理工大学，2017.

关法律规范，借鉴已有的成功经验来选择合适的社会资本方，坚持公平、公正的原则，明确社会资本方应当具备的条件，进行严格的筛选。

当前，我国的PPP模式采购方式相对多样化，包括竞争性谈判、招标等，公开招标是其中最常见的一种方式。投标人需要结合地方政府发布的招标要求制作专门的投标书。因为PPP项目十分复杂，所以必须进行充分的交流才能确定最终的方案。但投标文件一旦正式提交就无法更改，因而需要完善相关机制，同时采用多层次谈判的方式，提升双方的合作质量。

3. 专家和律师团队介入，防范违约风险

对风险的防范还需要明确各自的职责以及风险责任的分担，完善的法律体系是PPP项目主体主动履行相关工作的基础，但是许多项目往往会出现合同双方"钻空子"的情况，合同的草拟者往往试图把更多的风险转移给对方，致使合同难以得到双方一致认可，难以落实，增大了项目的违约风险。因此，可以在PPP投资模式中引入PPP专家和律师团队，从项目的发起到运营移交的全过程，为合同各方提供公正合法的第三方法律服务，草拟和制定各类保障项目顺利实施的法律文件、合同条款，充分明确合同双方的责任与义务，消除地方政府和社会资本方可能存在的逃避风险的侥幸心理，使项目合作双方采取最有力的方式去共同防范违约风险的发生。

（二）违约救济途径

现代合同法认为，合同义务不仅包括传统合同法认为的当事人明确约定的义务，还包括缔约过程中的先合同义务（指在要约生效后、合同生效前的缔约过程中，缔约双方基于诚信原则应负有的告知、协力、保护、保密等附随义务）以及后合同义务（指合同终止后的附随义务）。按照《中华人民共和国民法典》（合同编）所规定的原则，当事人应当按照约定全面履行义务，违反任何一个阶段的合同义务都应当承担相应的法律责任。

妥善履行自身的合同义务是合同法应有之义，在立项、磋商、项目设计、实施、运营、终止等各阶段，PPP项目合同当事人都要承担相应的合同义务，PPP项目合同相对人违反相应的合同义务自然也应承担相应的责任。[①]

① 魏志强. PPP合同纠纷裁判规则及实务指引［M］. 北京：法律出版社，2018：176.

1. 缔结合同前救济

缔约过失责任，是指在订立合同时一方因故意或过失，违背诚实信用原则所应尽的义务，造成合同被撤销、无效，导致守约一方利益受损，失约一方应承担的民事责任。在PPP项目的立项、磋商阶段，项目合同相对人面临履行如申请项目用地、行政许可审批等特殊的先合同义务。PPP项目在这个阶段通常处于行政许可阶段，地方政府做了一系列的行政行为，所以不管PPP项目当中的具体经营类型是什么，地方政府在招标时都是以管理者的身份开展项目的。《中华人民共和国招标投标法》明确规定：合作双方应当在中标通知书发出之日起三十日内，按照招标文件和中标人的投标文件订立书面合同。[①]由此可知，在中标后，若项目一方违反招标投标法的规定拒绝签订合同，则构成缔约过失，守约方可以以此为由提起诉讼，开展缔结合同前的救济。

例如，在滁州市A工程有限公司与滁州市B研究所缔约过失责任纠纷案[②]中，招标人B所以"项目土地是科教划拨用地，无法用于商业开发，如开发须经省人民地方政府批准，故不能用于BOT项目工程实施，滁州市委决定终止该项目的申报、审批、实施"为由，拒绝与A公司签订合同。A公司以招标人拒绝签订合同违反了招标投标法的相关规定，构成缔约过失为由提起诉讼，法院依《中华人民共和国合同法》相关规定[③]认为招标投标法律关系中的招标公告的性质属要约邀请，投标属要约，而中标通知书属承诺。另根据《中华人民共和国招标投标法》的规定，合作双方应当在中标通知书发出之日起三十日内，按照招标文件和中标人的投标文件订立书面合同。因此，法院支持了A公司的诉讼请求。

由于地方政府行为在项目前期阶段往往具有公权力行为属性，因此这个阶段还需要行政救济手段。对于PPP项目采购活动而言，如果社会资本方对采购活动提出了任何投诉和质疑，均应当按照相关法律法规执行。如果遇到主管部门不准予行政许可，可依法提起行政诉讼或行政复议。如果行政机关不采用拍卖或者招标的方式，使社会资本方的合法权益受到损害，可以依法提起行政诉讼或行政复议。

---

① 参见《中华人民共和国招标投标法》（2017修正）第四十六条。

② 参见滁州市琅琊区法院（2014）琅民二初字第00311号案一审判决书。

③ 参见《中华人民共和国合同法》第十四条：要约是希望和他人订立合同的意思表示，该意思表示应当符合下列规定：（一）内容具体确定；（二）表明经受要约人承诺，要约人即受该意思表示约束。

2. 缔结合同后救济

项目合同订立后，一方不履行合同义务的，守约一方可根据《中华人民共和国民法典》（合同编）相关规定采取缔结合同后的救济行为，要求违约方赔偿损失。《合同指南》第十八节关于违约、提前终止及终止后处理机制中地方政府方违约事件条款规定，常见的地方政府方违约事件包括：没有按照合同的规定向项目公司支付费用或拖欠所承诺的地方政府补助的；严重违反合同擅自转让PPP项目合同项下义务的；因为地方政府方的特殊地位而对合作方的项目以及公司进行征收的；因为法律法规的变动而导致PPP项目合同无法继续进行的；存在别的违反PPP项目合同内的义务造成项目公司不能按照合同约定履行义务的。在正式签订PPP项目合同之后，以合同协议为基础，地方政府与社会资本之间形成了民事主体法律关系，合作双方应当严格按照所签订的相关协议来履行责任。从当前我国现行的法律规范和部门规章来看，需要针对具体的争议采取针对性的救济途径。

3. 特许经营权救济

地方政府准予私人部门一定的特许权，私人部门根据得到的特许权参与到建设公共设施当中，和地方政府部门共担风险，共享利益。常见的特许经营方式包含PFI[①]、BOT模式等。《中华人民共和国行政诉讼法》提出，人民法院受理的案件当中，包含公民认为行政机关没有按照合同履行自己的义务或者违法变更或者解除特许经营协议的相关请求。[②]由此可以看出，2017年修正的《中华人民共和国行政诉讼法》已经将特许经营纳入行政协议的范畴，故可以将其认定为行政合同，对其引发的违约行为采取的救济方式为行政救济方式。

在PPP项目中，如果在特许经营相关协议中出现争议，可以采用的救济途径为行政复议或行政诉讼。另外，最高人民法院司法解释中指出，在行政审判的过程中

---

① PFI（Private Finance Initiative），英文原意为"私人融资活动"，在我国被译为"民间主动融资"，是对BOT项目融资的优化，指地方政府部门根据社会对基础设施的需求，提出需要建设的项目，通过招投标，由获得特许权的私营部门进行公共基础设施项目的建设与运营，并在特许期（通常为30年左右）结束时将所经营的项目完好地、无债务地归还地方政府，而私营部门则从地方政府部门或接受服务方收取费用以回收成本的项目融资方式。

② 参见《中华人民共和国行政诉讼法》第十二条：人民法院受理公民、法人或者其他组织提起的下列诉讼：（十一）认为行政机关不依法履行、未按照约定履行或者违法变更、解除地方政府特许经营协议、土地房屋征收补偿协议等协议的。

可以按照协议具体内容做出针对性的审判，并不一定完全按照行政诉讼法当中规定的内容来进行审判，从而尽可能地使特许经营者的合法权益得到相应的保障。

4. 外包类或者私有化类型的救济方式

外包类经营方式是私人部门所承包的项目当中的重要构成部分，包含DB模式、O&M模式等。私有化经营方式是需要社会资本方承担所有投资的方式，包含BOO模式以及股权转让模式等。和特许经营类型不同，这两种经营方式不需要得到地方政府的授权。国家发展改革委在2014年发布的《政府和社会资本合作项目通用合同指南》中就已经明确，合同双方的地位是平等的，双方构建合作关系的基础是市场机制，而签订合同则是行使权利以及履行义务的基础与保障，这也就是私有化经营方式和外包类经营方式不需要地方政府授权即可作为民事合同的主要原因。

综上所述，PPP模式中地方政府和社会资本方合作的基础是信任，只有双方都严格遵守合同的精神才能最大限度降低违约风险。在我国完善关于PPP模式的法律法规过程中，制定规范的合同范本指引可以弥补现有法律规定不明确、违约界定不明显的问题；明确PPP应用范围、地方政府审批权限、流程及管理程序，提供PPP合同的相关合同范本，可以使PPP合同更具规范性与约束力。完善的PPP相关法律法规能使地方政府和社会资本方的合作更好地进行，并在一定程度上对PPP项目运营中的违约行为发挥有效的制约和监督作用。另外，明确的违约责任和风险责任分配可使PPP项目合作中对违约的追责有章可循。

第六章

PPP模式政策风险的法律分析

PPP项目政策风险类型特征

我国PPP模式的应用和发展一直都是政策导向先行的方式。我国早在1989年就已经颁布了关于PPP模式的相关文件。1994年我国正式开始推进分税制改革，地方政府需要将部分财权上缴中央，不少地方政府在基础设施建设上面临着巨大的压力，因此也都开始积极尝试采用PPP模式。进入21世纪，基础设施建设需求急剧增加，地方政府都开始积极采用PPP模式来开展基础设施建设，并先后出台了相关管理方法及指导意见。但是2008年之后，PPP模式的发展受到经济危机的影响，遭遇到了瓶颈。

2013年之后，受拉动内需、刺激经济的需求增长，地方性债务问题突显以及新型城镇化建设成为国家发展的必然趋势的影响，PPP模式的发展再一次被提上日程。我国明确提出要重视经济体制的改革，处理好市场和地方政府之间的关系，可以采用投资补助、地方政府购买产品或服务、特许经营等的方式吸引更多的民间资本参与到公共基础建设当中来。各项政策与文件的出台也是我国越来越重视PPP模式改革的重要信号，2022年底财政部发布《关于进一步推动政府和社会资本合作（PPP）规范发展、阳光运行的通知》，由此掀起了新一轮的PPP模式改革。

本书讨论的政策风险是PPP模式下的主要项目风险之一，是指项目实施过程中因不可预知的政策变化导致PPP项目难以达到地方政府目标、项目盈余能力下降或社会资本难以达到预期的收益水平。为了最大限度地降低政策变动带来的风险，双方所签订的合同应受到法律的保护并且在执行的过程中是公开、合理的，尽可能地减少行政干预。由于地方政府政策的不稳定性，投资者趋向于获得更高的投资回报，以此作为对合作中己方所承担的风险的补偿。根据这一情况，一些地方政府专门制定了相关的规定，为合作双方提供最基本的保障，有效地规避了双方在合作中所面临的风险。

一、PPP项目政策风险因素分析

当前我国整体政治经济环境比较稳定、发展有序，但PPP项目在开展过程中也可能会受到政策因素的影响，导致不同的风险发生。当前导致政策风险发生的原因主要有以下方面。

（一）政策变化或行政程序的影响

长期以来，在某些行业当中存在成本与价格倒挂的现象，民营资本和外资资本想要获取预期收益就需要通过提价来实现。但是我国相关法律规定，公用事业的相关价格应当采用政府指导价，召开价格听证会，征求消费者以及经营者等多方人员的意见，论证其可行性和必要性。以城市水务发展为例，供水的成本逐年增加，但是水价仍然低于成本价，按照市场规律，项目公司在一定范围内上涨水价是合理的，但是各地在上调水价的过程中均受到了阻力。比如2003年南京召开关于水价上调的听证会就未获通过；上海也曾开展水价改革，但是难以落实。总体上看，PPP项目仍然可能受到政策变化或行政程序的影响。

（二）各地行政审批程序繁杂不一

包含PPP项目在内的诸多项目的审批程序繁杂，审批结果存在较大的不确定性。项目的具体规模以及类型不同，涉及的行政审批单位不同，采用的审批程序就会存在差异。这就要求投资者必须花费更多的时间与精力应对这些复杂的审批程序，才可以在具体审批的过程中减少问题的出现。一旦投资单位将需要行政审批的相关申报材料及文件交给主管部门之后，投资单位想要再调整项目的规模和性质就很困难了。

二、PPP项目政策风险类型

按照导致政策风险发生的因素可以将PPP项目的政策风险划分为不同的类型，具体包含以下几种。

（一）相关政策法规不连续性风险

这种风险也被认为是PPP项目中的主要风险之一，与我国当前的实际国情相符。我国处于经济高速发展时期，法律本身又具有一定的滞后性，法律政策往往在施行一定时间后就不再适应当下经济发展，相关部门需修改政策、法律来适应经济社会发展的变化。现实生活当中，国家会根据实际的经济社会秩序陆续出台相关的法律法规，但法律法规如果变更频繁会影响到项目的具体运作。因此私营部门和地方政府部门都应当重视这一因素，学术界也对此开展了相应的研究。我国有学者在研究中指出，在众多风险当中，法律政策变更风险高居第二位。但发展到今天，随着我国法治的进一步完善及各地政府对改善营商环境的重视，此类风险的影响已然降低。

（二）因公共利益事件导致项目暂停风险

近几年来，因公共利益事件引起突发事件导致项目暂停偶有发生，此类风险正变得越来越突出，但以往的相关研究却比较少。

例如天津市某垃圾焚烧发电厂项目，由天津某环保公司建造并运营，是以环保、重复利用废旧垃圾为理念的PPP项目。这个项目本身是有利于地方环保建设的，废物焚烧后，废渣用于制砖，废热可用于供热。然而，由于项目前期沟通不畅，政策发布不够及时、充分，因垃圾焚烧发电厂项目可能产生垃圾渗滤液的泄漏和难闻的气味，居民因此做出了抵制项目的行为，导致项目暂停。虽然事件发生后经过地方政府的积极调解处理，项目又重新启动，但项目因突发事件而暂停仍给项目公司造成了一定的损失。

此案件产生的风险属于公众反对的风险，这类风险主要产生于公共利益因各种原因未受到保护或沟通不及时产生误解，人们接受不了项目所带来的影响。这种情况主要发生在和公共利益有关的项目中，特别是与环境相关的项目中。

（三）其他类型风险

国有化问题是一个不可忽视的政策风险。这与我国当前的政治环境和国情都密切相关。在过去，不少投资者十分关注国有化问题，担心地方政府会没有任何理由地开始征收税费或直接将项目收回。①但是我国早在2004年至2006年期间就修改了宪法当中的相关规定，其中一条就是需要对私有财产进行保护，尤其是在加入WTO之后，为了更加适应国际环境和标准，对征收行为进行了限制，所以与此相关的风险也变得不那么重要。

当前我国处于改革不断深化的阶段，维护市场经济秩序的健康有序发展仍然需要政府的宏观调控，所以需要制定相应的规章制度、政策法律来规范PPP项目运营中的行为，使项目合法、合规。

三、PPP项目政策风险承担主体

一般而言，在PPP项目的众多风险当中，地方政府所要承担的就是由于政策法规变化以及自身因素所导致的风险。所以就政策风险的变化而言，其承担主体主要是地方政府部门。

（一）地方政府具有多重角色定位

在PPP项目实际开展的过程中，地方政府具备多重身份，是法律政策的支持者，相关标准的制定者以及顶层设计者、管理者、监督者，同时也需要参与到项目当中，扮演着多种角色。地方政府还需要把控风险，制定绩效评价标准体系，同时也应当参与到项目的实际实施过程中。因此地方政府部门作为参与者也应当积极承担因为政策变化、标准制定不完善、审核程序复杂等所带来的风险。

（二）风险承担计算

在PPP项目的具体实施过程中，风险是不可避免的，这就需要在社会资本和地方政府之间进行更加合理的分配。一般而言，地方政府承担的风险有最低需求风险、政策风险、法律风险以及其他由于地方政府部门出现问题而导致合同突然中止的风险。地方政府需要对这些风险承担责任，在衡量这些风险时需要进行专门的量化，还需要考虑到各类风险所带来的责任支出，实践中采用概率法以及比例法等来测算。

---

① 姚昕. 国家开发银行PPP项目融资的信贷风险识别与防范［D］. 兰州：兰州大学，2017.

　　比例法是在风险支出难以采用概率和实际数额计算的情况下，根据项目的全部建设成本以及在某个阶段当中的运营成本，各参与方按照相关的比例来承担相应的支出。而概率法则是将可变风险当做具体的变量，然后再构建专门的分布函数，计算不同风险可能带来的风险支出。

第二节

PPP项目政策风险案例研究

一、福建省泉州市刺桐大桥PPP项目案例[①]

（一）项目要点

20世纪90年代初，由于泉州市昼夜通车量由原来的5 000辆上升为24 000辆，跨越晋江的唯一一座大桥——泉州大桥不堪重负，交通几乎瘫痪。为了缓解严重的交通压力，泉州市政府决定再建一座跨江大桥。迫于财政压力，地方政府决定对外招标。泉州市名流实业股份有限公司成为我国第一个和地方政府方合作的投资者。泉州名流实业股份有限公司和代表地方政府投资的泉州市路桥开发总公司分别按照60%和40%的比例出资，创建了"泉州刺桐大桥投资开发有限公司"。刺桐大桥经营期限为30年，其中含建设期3年。双方的合作不但解决了项目资金问题，还使项目受到地方政府的保护。刺桐大桥正式建成后，迅速成为干线公路网的枢纽，对促进晋江南岸的开发发挥了重要的作用。

（二）政策风险分析

因为受到某些因素的影响，刺桐大桥的投资项目虽有项目公司的架构，却并未形成与之相匹配的规范的合同文本。因此，在实际运营的过程中已经发生或未来可能发生的风险如何在"公私合作"框架下得到令各方相对满意的解决，便成为难题。在缺乏规范的项目合同的情况下，BOT在存续期内的风险未能得有效化解。

---

① 王泽彩. 政府和社会资本合作模式典型案例［M］. 太原：山西经济出版社，2016：36-39.

1. 缺乏规范的项目合同，PPP项目的竞争风险因政策变化而变化

PPP项目运营企业依靠特许经营权取得项目未来20年至30年的收入。现行的PPP政策尚未对特许经营权的"唯一性"作出明确规定，特许经营项目的唯一性一般由企业与地方政府谈判来具体约定。而当运营项目面临其他同类竞争，丧失项目的"唯一性"时，项目收益将受到严重影响。在福建省泉州市刺桐大桥PPP项目案例中，泉州刺桐大桥正式投入运营后一段时间，当地又有"顺济新桥""笋江大桥""后渚大桥""晋江大桥""黄龙大桥""田安大桥"等多个项目相继建成通车。在所有的大桥中，只有刺桐大桥对过往的车辆进行收费，其余大桥均已处于免费状态，从根本上减少了刺桐大桥的车流量，对刺桐大桥项目的利益损害达到顶峰。刺桐大桥的投资方对此毫无办法，面对车辆分流因素造成的利益损害，项目公司处于被动状态。

2. 收费政策没有形成调整机制

在刺桐大桥建设之初，泉州市政府与名流公司并未就收费调价机制签订任何项目合同，因此名流公司投资方只能根据福建省地方政府的相关规定，一直根据当时泉州大桥的收费标准来对来往的车辆进行收费，比如小型轿车的单次通行费用为6元，但是当时国内其他相同的桥段所制定的收费标准是10元。自从刺桐大桥开始运营以来，社会经济水平不断提高，在人力、物力等管理成本不断上升的情况下，始终未能对来往车辆通行收费标准作出调整。虽然名流公司根据《收费公路管理条例》的相关规定向泉州市政府提出了调升收费标准的请求，但是因为没有相应的合同规定，泉州市政府也难以做出相应的措施。

3. 各级地方政府政策法规的变动风险由社会资本承担

根据1996年12月25日福建省地方政府办公厅《关于同意设立泉州刺桐大桥通行费征收站的批复》，名流公司作为投资方，于1996年12月29日正式设站收费。2003年12月26日，福建省政府在《关于公布我省普通公路和城市道路收费站的通知》中，正式批复刺桐大桥的收费截止时间为2025年5月18日，收费时间是30年。但2004年国务院颁布实施的《收费公路管理条例》第14条规定：还贷类的收费公路进行道路收费的时间不能超过15年，经营性收费公路收费期限最长不得超过25年。刺桐大桥的社会资本方不得不面对是取消收费还是被地方政府回购的两难选择。根据这个新规，福建省政府在《关于报送福建省收费公路专项清理工作整改意见的函》中，

只能让刺桐大桥收费站缩短收费年限,将刺桐大桥的收费年限由以前的30年变成25年。由于交通运输部、国家发展和改革委、财政部等部委对福建省上报的有关刺桐大桥收费站专项整改及补偿意见尚无明确答复,投资方面临着由国家政策法规变动带来的政策风险。

(三)政策风险处理启示

PPP模式的可持续发展还有赖于对政策风险做出有效控制。下面以刺桐大桥PPP项目面临的政策风险为例,分析政策风险的防范举措,为PPP项目创新实践的推进建言献策。

1. 明确PPP项目政策风险的分担方式

PPP项目具有运营期限长的特点,其间政策的调整可能给项目本身带来巨大的政策风险,因此需要明确政策风险的分担方式,以有效控制政策风险。以泉州市刺桐大桥PPP项目收费期限调整为例,由于《收费公路管理条例》是从2004年开始实施的,比刺桐大桥项目的起始时间晚,有以下两种解决方案供选择:一是按照"法不溯及既往"的原理,以项目立项实施不适用该条例处理,使刺桐大桥项目按原约定日期完成收费。二是按"新法优于旧法"原理,项目收费按《收费公路管理条例》严格执行,将缩短的最后几年间评估的收费量值减去相应的管理成本后,由地方政府回购或给项目公司补偿实际损失。

2. 遵守契约精神,规范项目合同文本

PPP模式注重的是地方政府和社会资本方的长期合作与互利共赢,在项目推进中应注意结合现代社会治理方式,而不是简单地进行行政管理调控。项目合同是项目各合作主体都应当遵守的,是PPP模式形成有效的长效投资机制的关键。泉州市刺桐大桥PPP项目从建设方面来看是比较成功的,其吸引社会资本解决项目初始资金问题,利用社会资本的技术和经验进行建设,项目完工后也达到了缓解交通拥堵的目标。但从结果来看项目却并不算完美,主要原因首先是PPP合同的约定不完善,社会资本方仅凭一纸红头文件就进行投资,缺乏对项目运营情况和潜在风险的评估与解决,项目面临的政策风险基本都由社会资本方和项目公司独自承担;其次,该项目中地方政府方和社会资本方没有真正结成合作伙伴关系,双方只是凭借极其简单的合同文件而暂时结成利益相关关系,一旦利益关系发生变化,双方的合作就会产生纠纷。在刺桐大桥PPP项目的建设中，泉州市政府在项目建成运营中还修建了其他大桥供民众免费通行，降低了刺桐大桥的运营效果。当然这些风险的发生本质上也是因为社会资本方未对项目的潜在问题和风险进行评估而引发的。

因此，在PPP项目合同当中应详细地规定项目政策风险的分担方式、分担比例、应对措施以及前期的风险预防措施，便于在之后发生风险时更好地应对，减少项目损失。项目参与方也应遵守契约精神，按合同约定处理风险承担问题，实现项目的互利共赢、风险共担。

二、美国匹兹堡PPP项目经验分析

美国在都市开发再生领域中有很多使用PPP模式的案例，下面就针对PPP项目在宾夕法尼亚州的匹兹堡市的应用展开分析。匹兹堡是美国钢铁冶炼的重要工业城市，其玻璃加工业和机械制造业都很发达，属于典型的重工业城市。但经过长期的发展，匹兹堡市面临着严重的水质和空气污染问题，不少企业都面临着停产问题，急需城市再生。随之而来的一系列问题，比如资金需求量大等，也无法单纯依靠地方政府解决。匹兹堡市成立了专门的城市改造公司，即URAP，并且以该公司为主体，市政府联合私营部门开始了匹兹堡市的再生发展历程。在资金方面，联邦政府给予10%的补助金，州政府和市政府给予20%至30%的补助金，此外，项目公司还与当地银行和企业进行合作，资金筹措方式更加多样。城市改造公司采用企业模式进行运营，当城市再生相关项目获取利益后按照之前投资的比例进行分配。经过城市再生改造之后的匹兹堡重新焕发城市活力，环境与经济情况均显著改善，成为令人向往的国际性大都市。

在这个案例当中，为了有效利用城市中心的土地，让城市的经济得以更好地发展，地方政府结合实际情况制定了各项法律法规来规范企业与地方政府的关系，同时还设置了专门的部门来负责这些法律条文的实际落实。地方政府在PPP项目当中发挥协调与指导作用，降低政策风险，提高了社会资本方投资的积极性。

第三节

PPP项目政策风险分担机制

一、PPP项目政策风险的法律关系分析

PPP项目涉及的政策风险相关的法律关系多是与地方政府部门相关的法律关系。比如，地方政府和项目投资人之间，若设立项目公司，需要双方签订特许经营初步合作协议；若不设立项目公司，则由投资人和地方政府签署相关的经营协议。

（一）地方政府和其他参与主体之间的法律关系

首先，地方政府同其他参与主体存在行政法律关系。在PPP项目进行融资的过程中，地方政府除了引入社会资本以外，对项目资本的投入还包括国家财政补贴或相关的税收优惠政策等。因此，地方政府与其他参与者之间的法律关系存在一定的行政法律关系特征。同时，地方政府还是PPP项目的监督者和管理者，地方政府不仅需要对整个PPP项目进行严格的管理和监督，还要在项目审批的过程中行使行政职权，例如在PPP项目中，地方政府授予相关主体特许经营权，此时地方政府与其合作方的法律关系是行政法律关系。

其次，地方政府和其他投资者之间也建立了平等的民事法律关系。根据PPP模式本身的特点可知，地方政府方和社会资本方以互利共赢、双方合作的方式进行相关项目的建设是私法意义上的自治行为。地方政府方和社会资本方基于合同达成共识，以实现合同目的来行使权利、履行义务，从这个角度看，地方政府方和社会资本方就属平等的民事法律关系。此外，地方政府与其他参与主体，如与中介机构之间达成的协议也反映了合同双方的民事法律关系。在这个前提下，地方政府也就成为合同当事方，其民事主体身份受私法调整。

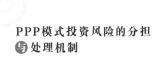

（二）政策法规变化影响地方政府和项目公司之间的法律关系

因地方政府下发的通知、法律法规或者政策等发生变化所引起的风险需要由地方政府部门来承担，因为以上规则并非法律层面的，也可以通过约定的方式由特许经营者来承担。但法规政策的变化不受项目单位或实际经营者控制，而是更多地受地方政府控制，对于特许经营者来说无法预见、控制以及避免。

二、PPP项目政策风险疑难问题分析

企业经营的主要目的是获得更多的利益，这是由资本的逐利性决定的。而国家制定的法律法规对企业的行为有较强的约束力，对PPP项目企业也不例外。与此同时，在不同阶段国家也会根据宏观环境的变化而调整政策，进而影响到企业的利益，产生政策风险。实践中导致政策风险产生的原因主要有以下几种。

（一）某些地方政府可能过度参与项目运行

某些地方政府过度参与项目运行是指地方政府对PPP项目的设计、建设和运营进行超过必要限度的干预，影响了企业的自主决策权。一些不合理的干预会给项目或承担项目的企业带来重大的风险。地方政府过度干预是PPP项目中地方政府方和社会资本方权利和责任约定不明确的表现。在项目协议中，双方理应明确其所拥有的权利以及所要承担的义务和责任。但由于PPP项目的复杂性，有些项目协议并没有对此做出明确清晰的约定。

根据项目合同的具体约定，地方政府部门需要为项目建设提供必要的条件，比如便利的交通条件、完善的配套设施、确定的征地和安置范围等。这些事项是地方政府部门能够做到的，也是需要履行的相关义务。除以上便利条件外，关于项目征地补偿安置的责任主体和负担费用的主体等也需要在PPP项目协议签订时明确具体指出。在PPP模式中，地方政府应遵守协议，提供一个相对安全稳定的政策环境，防范信用风险，对于市场能解决的问题不应干预，应由社会资本在遵守法律和政策的前提下运营项目，实现项目利润。因此如果地方政府干预适当，则会降低PPP项目的风险。

在PPP模式开展过程中，地方政府的职责问题一直都是政策设计的重要关注

点。某些PPP项目规定由地方政府承担商业运作，其优点是可以有更加稳定的政策环境，使项目运营的风险降低，缺点是这一规定和市场化原则有一定冲突，地方政府的不当参与可能会使PPP项目无法成功运营。比如在上文分析过的北京市"鸟巢"PPP项目，就出现了这一问题。

（二）难以保证项目的"唯一性"

获得特许经营权的项目单位可以按照约定取得约定期限内的收入，但要想获得可持续性的高收益，必须保证项目的"唯一性"。若经营项目的"唯一性"丧失，项目的收益情况就会受到严重的影响。杭州湾跨海大桥和福建泉州刺桐大桥这两个PPP项目都是因为项目的"唯一性"未得到保障而影响到实际收益的典型案例。

（三）与社会资本相关的定义存在争议

财政部下发了关于PPP模式的相关文件，明确了社会资本的相关定义，社会资本应包含国有企业，只是相关政策对国有企业参与项目的规定很少，主要体现在《操作指南》中，该文件第一章第二条指出社会资本不包括本级地方政府所属融资平台公司及其他控股国有企业。财政部于2022年11月11日发布的《关于进一步推动政府和社会资本合作（PPP）规范发展、阳光运行的通知》中明确规定鼓励国有企业、民营企业、外资企业等各类市场主体作为社会资本方平等参与PPP项目。地市级、县区级地方人民政府实际控制的国有企业（上市公司除外）可以代表政府方出资参与PPP项目，不得作为本级PPP项目的社会资本方。但是对于除本级地方政府所属融资平台公司及其他控股国有企业之外的国有企业能否被认定为社会资本尚未有明确的界定。当前地方政府所引入的社会资本当中，有不少都是国有企业，比如大理某生活垃圾一体化系统工程处理当中所引入的合作公司是大型国有环保产业公司。类似的案例还有很多。在PPP项目实践中，国有企业作为市场主体参与公平竞争，参与到PPP项目中也是合法合理的。因此，对于本级地方政府之外的国有企业能否被认定为社会资本仍需进行明确的界定。

（四）公共产品定价方式模糊

就我国当前的情况来看，地方政府负责公共产品的定价，运营单位无法按照市场的实际情况来灵活调整。在我国，PPP产品与服务的定价主要有三类：一是垄断价格。此类定价价格偏高，社会资本可获得超额利润，造成公共福利损失。二是边际成本定价。这种定价方法限制企业获得超额利润，追求社会福利最大化，社会投资者无法获得合理收益。三是平均成本定价。是指在保持提供公共物品的企业和事业单位对外收支平衡的情况下，采取尽可能使经济福利最大化的定价方式，此时投资者也能获得正常利润。三种方法中，平均成本定价是能让地方政府、投资者、消费者三方都接受的定价方法。

在当前颁布的PPP模式改革当中，需要社会资本方和地方政府共担风险。而对那些无法由社会资本方定价的产品，企业可以采用何种正规的手段来获得利润，在这一过程中地方政府需要扮演何种角色，还应进行全面的规范和引导。

（五）税收政策解释存在差异

当前的PPP模式涉及的税收问题比较复杂，对于PPP项目是否可以享受优惠政策，可以享受何种优惠政策，仍然存在争议。财政部和国税局发布的文件指出，符合一定条件或者分批次建设的企业可以享受到相应的优惠政策。我国税务部门针对PPP项目税收问题也给出了相应的解释，但并非采用法律规范的形式，而是作为一种弥补措施。对于社会资本是否可以享受相关优惠政策，不同地方税务局采取的政策也不同。这些情况使PPP模式的税收问题难以得到切实有效的解决，影响社会资本方参与项目的积极性。2023年6月27日，中国注册税务师协会发布《PPP（政府和社会资本合作）项目税收策划业务指引（试行）》，这是自2014年PPP项目进一步推行以来第一份关于PPP项目税收具体指引的行业性文件。虽为行业性文件，但从这一政策的推行可以看出我国在落实PPP项目中关于税收优惠政策的思考。

三、PPP项目政策风险的分担机制

（一）政策风险分担的含义

总结上述政策风险的影响因素和类型可以看出，PPP项目政策风险的承担主体主要是地方政府机构。在PPP模式政策风险中，地方政府的决策程序不规范或审批延迟都会引起决策或审批延误的风险，政策风险的形成主要取决于地方政府机构的决策与活动，因此PPP项目政策风险的承担主体主要是地方政府机构。

政策风险一般由地方政府部门或地方政府指定的相关部门承担，承担方式是给予某些项目公司特许经营权或者一定数额的项目本金及担保。PPP项目中地方政府是否支持，在项目具体实施过程中能给予多少支持也是项目能否成功的关键因素。绝大多数情况下，地方政府部门并不会直接参与到项目当中，而是在某些情况下以代理机构的方式来投入相关的资金，充当项目产品的用户或买主。

作为PPP项目的控制主体，地方政府可以决定项目是否设立，在一些重要的项目中地方政府还有必要在某些重要环节开展管理和监督工作。另外，地方政府会授予项目公司一些特许经营权。在特许权协议当中，地方政府需要积极承担相应的义务，比如将一些场地以租赁或出售的方式交给项目公司使用。地方政府需要为此承担相应的风险，提供政策保证。另外，若法律和PPP项目合同条款存在冲突，或项目建设成功开展运营之后回报率无法满足相关的需求时，地方政府需要提供相应的政策，确保相关项目可行。这些都说明地方政府在PPP项目当中扮演的角色和态度十分重要。

（二）政策风险分担的法律依据

从行政法的视角来看，地方政府属于国家行政机关，是重要的行政主体。行政主体指的是具备行政职权，可以以自己的名义来独立开展相关的行政管理活动，并且能够承担风险的主体和组织。在行政法律关系当中，行政主体是其中具有主导地位且不可缺少的重要一方。在行政法理论中，地方政府是行政关系主体中得到法律赋予的权力职责的一方，具有保障国家安全、公民人身和财产安全的职责，维护社会秩序的职责以及推动物质和精神文明发展的职责。由于其涉及多方面职责，法律赋予地方政府多项权力。

在PPP项目中，地方政府是重要的参与者之一。[1]地方政府在整个项目中的职责具体包括：制定与PPP项目发展相符合的宏观政策，为PPP项目的发展提供良好的宏观环境，对PPP项目的操作流程进行进一步规范，使PPP项目特许协议更加规范化等。2014年国务院发布了关于PPP项目合作的操作指南，要为PPP项目的开展创造稳

---

① 王立国，张莹. PPP项目跟踪审计探讨［J］. 审计研究，2016（6）：30-35.

定的政治环境和融资环境，构建起更加健全的市场经济体制，确保投资人的合法权益不受损害。如果地方政府的责任可以落实到位，就会吸引和鼓励更多的社会资本进入到PPP项目中。[①]我国关于PPP项目的法律也在逐渐完善，比如在2014年修正后的《中华人民共和国预算法》和《中华人民共和国采购法》等，这些法律的完善都是我国国内投资环境不断优化的重要表现。各地优化营商环境理念的提出和实施，是我国为推动经济发展而作出的有力举措。另外，在PPP项目中，地方政府还具有后勤保障方面的职责，如供给水电、能源与原材料等。[②]地方政府承担着担保者的角色，比如稳定利率汇率、禁止企业之间的恶性竞争等，行使这些职责在某种程度上也是地方政府需要承担PPP项目中政策风险的法理原因。

从经济法角度来看，我国实行社会主义市场经济，市场经济的发展和进一步完善，都需要法律制度来保障。PPP项目的运行原理和实践意义都和我国的经济发展密切相关。经济法是我国重要的法律体系之一，为我国的经济发展保驾护航。在经济社会当中，地方政府具有双重身份，既是管理经济发展的主体，又可以在某种条件下成为经济活动的参与主体。地方政府在经济管理关系中直接享有国家赋予的行政管理相关职能，对国家的经济发展有调节的作用。在经济法律关系中，地方政府一般不会作为单独的主体出现，但在特定的条件下可以成为经济活动主体。比如北京市政府在奥运会场馆"鸟巢"项目中采用BOT模式完成了特许、招标、社会经营等，这就是地方政府通过设立投资企业实体来参与到项目建设当中的典型案例。在这种情况下，地方政府变成了经济活动中的主体，不过其仍然享有经济管理权力，这与其在经济活动中的角色并不冲突。[③]

根据地方政府的角色定位，可以发现其应当承担政策风险以及由于政策、法律等变化所带来的项目风险。

---

① 吴守荣，王程程，阎祥东. 城市轨道交通PPP项目运营期风险评估研究［J］. 都市快轨交通，2016，29（5）：36-40.

② 常雅楠，王松江. 一带一路背景下基础设施PPP项目风险分担研究［J］. 科技进步与对策，2016，33（16）：102-105.

③ 叶晓甄，许婉熔，徐青. 基于多目标的大型体育场馆PPP项目的融资性研究［J］. 成都体育学院学报，2016，42（6）：12-16.

（三）英国PPP项目风险分担经验借鉴

研究结果表明，随着公共部门将风险逐渐转移到私营部门，项目的效率也呈现出明显的升高趋势，项目成本有所降低，资金价值也随之增加。[①]但是风险转移到某种程度之后，项目效率会降低，总成本也会升高。英国地方政府为了在风险分担的过程中得到最大的整体效益，会在招标前对于可预见的且受到公共部门控制的风险类型完成分担。[②]在这种情况下，私营部门参与项目的积极性会提高，且不会在招标阶段因过多的特许报价主张而影响项目的整体走向。

英国属英美法系国家，包含衡平法与普通法，在法律形式上常见的有判例法和习惯法，该法系对法律的分类没有过多的关注。地方政府如果在PPP项目当中出现违法的行政行为，就应当承担相应比例的风险。比如地方政府的审批行为不合法导致项目出现风险，就需要地方政府来承担相应的项目风险。

四、PPP项目政策风险的争议解决

（一）明确合同主体

在PPP项目当中，PPP合同是项目的核心合同，也是地方政府和社会资本对双方的权利和义务进行约定的关键文件，更是双方保护自身合法利益的重要依据，合同的重要性不言而喻。但是在实际操作过程中，如果地方政府和社会资本方在签订PPP协议的过程中出现了主体不适格问题，将会导致合同的形式要件难以满足，以致无法更好地确认合同法律关系，对投资人的投资回报产生影响。比如某税务局项目，地方政府方授权某发展改革委采用竞争性采购方式选择合作方，约定经过地方政府的书面委托，发展改革委作为项目的具体实施机构。由此可以看出，合同签订的主体是某税务局，即甲方，而采购主体则是某发展改革委，主体存在冲突，不利于项目的顺利开展。针对这一问题，项目双方可以在协议中明确PPP项目的主体，地方政府部门可在综合考量本地实际情况后，根据项目的特点和实践需求确定项目

---

① 刘振宇，李泽正. 金融机构参与PPP项目的若干重点问题［J］. 宏观经济管理，2016（10）：56-60.

② 王泽彩. 政府和社会资本合作模式典型案例［M］. 太原：山西经济出版社，2016：36-39.

的各方主体。

PPP项目的实施机构应当按照合同相关规定来编制采购文件,按照程序完成相关合同的签订和履行。另外,根据相关管理办法,采购主体和供货商需要在成交通知书发出之日起30日内,按照拟定的合同文本签订具体的地方政府采购合同。采购标的物、采购的金额、数量型号和规格等应当按照程序与中标通知书保持一致。如果发现PPP合同主体和实际采购主体之间存在不一致现象,项目很有可能被认为操作不规范。

本书对此提出的防范建议是:社会投资人可能会与不同的地方政府职能部门和机构打交道,所以在和地方政府沟通时,要督促地方政府尽可能地确定具体负责的实施机构和该实施机构的职权范围,并且取得有效的授权文件。在签订PPP合同的过程中,要将实施机构授权文件作为合同的附件,避免出现因为对象不适格而无法有效维护自身合法权益的情况。

(二)正确认识政策文件,强化契约意识

在PPP项目实践当中,项目公司和地方政府之间可能出现合同纠纷,比如某省的经济贸易厅曾经向A公司下发批复文件,同意其在该省成立项目,对该项目的总投资和资金来源也进行了专门的确认。之后该省对该项目财务预算进行了审核,并且给出了审核报告,确定项目投入试运行以及使用的时间。后期地方政府召开专题会议,要求地方政府部门按照项目投入的资本全额补偿企业,补偿结束之后,项目的资产归地方政府所有。在此案例当中,可以发现双方并未签订书面协议,也没有口头形式的承诺内容及要约,虽然制定了会议纪要,但并未做出实际承诺,所以地方政府和A公司之间并不构成平等民事主体的相关法律关系。双方在PPP项目实际开展当中并未签订专门的PPP合同以及其他相关协议,也没有充分的证据证明当初双方已经针对项目的相关内容如付费方式、投资、建设运营等方面达成一致,所以不能确定双方构成合同关系,这就导致投资回报问题无法解决,引起争议。针对缺乏合同要件所引发的争议,需要在项目开展之初就积极构建起相应的书面合作合同。

为推动项目顺利开展,社会投资方可能会要求地方政府的相关职能部门出具不同的函件以确定具体的事宜。但社会投资人不能将地方政府文件和具体的合同混淆,如果社会投资人没有和地方政府签订合同就投入了大量的资本,可能会导致投

资难以收回。社会投资方应强化合同意识，对地方政府发出的函件和批复文件等有更清晰的认识，不能将地方政府的行政行为和具备民事法律效力的PPP合同相混淆。另外，应对地方政府应当履行的责任和义务以规范的合同条款形式进行明确规定，重视要约、承诺等相关文件的固化，保证项目各方的合法权益。

综上所述，本书认为PPP项目合同主体不明确或者未签订相关的合作协议和合同，对于投资双方而言都是潜在的风险。社会资本方需要明确与地方政府合作开展PPP项目时应当注意的事项。地方政府应在基础设施领域表现出合理的主导决策作用，避免在PPP模式中过度干预，明确在PPP模式中的角色，在合适范围内行使职权并提供经营保障和财务支持，通过完善的PPP模式法规体系，有效地避免项目审批延误、政策变化，以及对项目市场需求与经济效益预测不科学等政策风险。健全的PPP模式体系需要结合财政、投资、融资、价格、市场准入、服务质量、监管等多个方面综合考虑，构建一个全面合理的PPP政策制度体系，应能够促使相关部门之间的通力合作。

结 论

一、研究结论

从财政部对PPP项目详细介绍的信息可以看出，PPP模式已成为我国各省建立大型项目的重要方式。本书以PPP模式为研究对象，针对其中的运营风险、市场风险、违约风险、政策风险等一系列项目风险相关问题展开研究。具体结论如下：

（1）通过对我国市场机制下PPP模式运行的法律规制的研究，分析总结出我国PPP模式是市场机制下的自然产物，它的发展离不开市场经济的发展，它的特征是同时具备公共性与竞争性，两者不可分割，两者的基本关系是在公共性中体现竞争性，在竞争性中体现公共性。另外，PPP模式的公共性和竞争性也体现在PPP项目的可适用领域不包括纯公益性的项目和完全市场化的领域。PPP这一合作模式对于投资双方来说，本质上是要追求收益的。社会资本投资PPP项目需要获得投资回报，而地方政府选取PPP模式也需要获得公共利益方面的回报。纯公益性的项目没有收益，社会资本没有参与意愿，无法体现竞争性；完全市场化的领域已经形成良好的市场竞争，采用统一的市场运作规则，市场主体通过平等竞争进入市场，难以体现公共性。

PPP模式下的各个主体没有等级之分，共同承担PPP法律法规下的相关责任，共同追求PPP项目合作的利益最大化。我国的PPP模式尚未完全成熟，PPP政策法规相对分散，未形成系统的法律体系，因此可能出现地方政府与社会资本在价值取向上存在冲突、PPP模式下存在各种风险等问题。通过建立合理的投资回报机制、健全PPP相关法律法规、建立全方位风险防控体系等方法能够在一定程度上解决这些问题。随着法治进程的不断推进，PPP模式在未来定会有完善的法律制度作为依托。

（2）通过对PPP项目的风险进行系统的分析，重点剖析PPP项目风险识别、评估、处置以深入研究风险管理的逻辑和理论，揭示PPP项目提供公共设施或服务的效率和总成本与风险分担的关系：只有达到最优风险分担时，才能实现效率最高和总成本最低。

（3）PPP项目的整个运作过程中存在的风险种类众多，包括金融风险、管理风险、竞争风险、价格风险、不可抗力风险、评估风险、法律风险等。在分担风险时，只有有效识别和控制风险才能最大限度地降低风险成本，因此能够有效识别和控制的一方要主动承担起风险，这样才能更好地运营PPP项目，实现双赢乃至多赢。PPP项目的运营维护占据了项目的大部分周期，法律制度是PPP项目顺利运行的基本保障，PPP项目与人民群众的利益密切相关，因此要加快相关法律制定与修订的步伐，为合同的制定和实施提供依据，保障项目合同主体的合法权益，保证项目顺利实施。不同地区、不同时期PPP项目的风险各不相同，要结合各地区和各时期相应的特征，制定合理的风险分担机制来分担风险。

（4）PPP项目在漫长的投资期中存在着各种风险，数据统计显示市场风险问题尤为突出，其中项目"唯一性"、市场需求变化、市场收益不足以及融资问题等作为PPP项目失败主要的市场因素，需要引起投资者和监督者足够的重视。现有的市场风险分担机制通常是地方政府部门承担政策、法律变更带来的风险，而社会资本方则需要承担市场风险。在风险分担的过程中也可能会因为各种因素的影响，使得需要风险再分担。针对市场风险分担问题必须提出相应的应对措施，比如要构建完善的机制和制度，加大对风险防控的重视力度，发挥地方政府职能，建立PPP项目市场风险的预测模型，规范谈判程序，建立项目信息平台，充分参考公众意见等。这些措施的制定和落实也都可以对市场风险的防范起到一定的作用。公平合理的市场风险分担和防范机制是解决PPP投资模式市场不成熟、PPP市场法律法规不完善等问题的前提。

（5）PPP项目以PPP项目合同为核心，但由于相关法律法规不够完善，PPP项目涉及领域广、参与方较多、建设周期长，项目在实践中仍存在较多的缺漏，例如PPP模式的管理规定并未形成统一的规范，PPP合同的属性未明确等问题，致使PPP项目的违约风险较大。一旦合同主体——社会资本方或地方政府方出现违约，就可能给PPP项目带来严重伤害，导致前期巨额投资浪费。因此，本书针对PPP模式中的违约风险及产生的因素，结合实际案例进行分析，找出规避违约风险的有效措施，促使PPP模式顺利推行。

在违约责任划分方面，地方政府所承担的违约责任主要是政策变更以及法律制度变化带来的风险，而社会资本方则承担投融资以及实际建设落实当中出现的违约风险，不可抗力所导致的违约风险则需要双方共同分担。PPP模式违约风险的规避大多采用合同手段，即通过科学的风险评估和谨慎的专业筛选等方法。为预先规避风险，可引进咨询公司、PPP专家和律师团队介入风险防范，并利用各种救济途径保障PPP项目整个过程的合法运营，从而进一步规范PPP项目各主体在PPP模式市场活动中的行为，净化PPP投资市场环境，进而更好地推动PPP模式在我国健康快速发展。

（6）国家财政政策的改变、国家外汇汇率的变化或市场通货膨胀及国家法律框架变动等因素都会造成政策风险的产生。在PPP项目运行中，一旦国家政策等发生变化，社会资本方和地方政府部门共同承担的风险也随之变化，政策风险主要是由地方政府部门承担。PPP项目合同主体不明确或者未签订相关合作协议和合同，都将给项目主体方带来潜在的风险，因此需要建立风险承担机制预估政策变化，在可预见的范围内减少政策变动对PPP模式的消极影响，对PPP模式起到风险防范和保护的作用。

目前，在我国PPP项目的实践中，针对PPP政策风险最好的规制工具就是我国现阶段关于PPP的政策文件，这些文件对PPP项目实践有不可忽视的参考意义和指导作用。

综上所述，威胁到PPP项目成功的风险主要有收益不足的运营风险、变幻莫测的市场风险、政策规定变动的政策风险和违约风险。而这些风险是很难在前期项目洽谈阶段就完全预测到并通过合同规定来进行规避的，何况PPP项目不仅投资周期长、所需的资金量大，而且有不同的利益主体参与，使得PPP项目可能面临的风险特别突出，社会资本方对于这样的风险往往无法应对，而过多地承受风险带来的损害只会降低民营资本参与公共设施和基础建设项目的积极性。因此，PPP项目成功的关键在于有确实可行并有效的风险分担机制。PPP模式中，地方政府部门通过利用社会资本的资金、技术和管理经验解决公共项目资金投入短缺、项目建设效率低下等问题，这将有助于地方政府部门增加公共产品和服务的供应，提高供应质量。但是，要让PPP模式真正充分发挥作用，必须将公私双方的利益结合起来。对地方政府部门而言，其利益所在就是扩大公共产品和服务供给，提升供给质量，实现物有所值；对社会资本方而言，其利益就是获得与其承担的风险相匹配的利润回报。要实现PPP模式的优势，各级地方政府部门就要积极协调各方资源，从政策、效益、监管、风险等方面出发并不断优化，只有这样才能真正让PPP模式发挥应有的社会与经济效益。

二、主要创新点

（1）本书主要从经济法角度分析PPP投资风险的表现形式、产生原因与应对原则。现有研究大多从管理学、经济学角度展开，法律角度的研究主要从PPP模式全阶段的立法技术和法律适用层面展开，针对PPP模式项目风险分担的经济法角度的研究甚是少见。本书以PPP模式项目风险分担与处理机制研究为视角，分析我国PPP项目所面临的风险因素、类型、应对原则等基本内容，通过成功和失败的实践案例，对比相关经验教训，分析与归纳出PPP模式项目风险预防与处理机制，为我国PPP项目的风险分担、风险管理与争议解决提供法律对策与理论支持。

（2）本书从市场机制的角度来分析PPP模式的产生和运行，并对其中的关系进行法律分析，总结出我国PPP模式是顺应市场机制下自然的产物，它的发展离不开市场经济的发展，PPP模式的特征是兼具公共性与竞争性，两者不可分割，两者的基本关系就是在公共性中体现竞争性，在竞争性中体现公共性。

（3）本书选取了PPP模式运行过程中常见的四类风险——运营风险、市场风险、违约风险、政策风险进行法律分析，提出可引进PPP专家和律师团队提早干预制度，建立项目个体信息公众平台来保障PPP项目的合法运营，从而进一步规范PPP项目各主体在PPP模式市场活动中的行为，净化PPP投资市场环境。同时对PPP风险的识别、管理和预防从经济法的角度进行研究，提出了对应的风险防范机制和风险分担机制，进而更好地推动PPP投资模式在我国健康快速发展。

三、后续展望

PPP 模式运用于基础设施项目建设已成为公共服务领域的未来趋势，尤其是基础设施项目建设采用PPP模式，可以为地方政府和社会资本方带来较大收益。一方面，项目决策和管理良好的PPP项目可以促进社会资本在PPP项目全生命周期内更高效地使用，创新资金流向，激活市场动力；另一方面，PPP模式使社会公共服务投资多元化得到保障，缓解地方政府财政压力。目前，我国需要尽快完善PPP项目的相关法律法规，加强地方政府监管，细化合同标准，选择更有实力的社会资本方，保证顺利融资、按期按质完成项目。同时，地方政府和社会资本方都需要增强契约精神，通力合作，共担项目风险，保障项目顺利进行。PPP模式现行有关法律规范不够完善，不同层级和不同地区的地方政策制度甚至存在一定的冲突，导致PPP模式的制度风险、法律风险增加，并且这种风险会随着PPP模式逐渐广泛的运用而更加凸显。为促进PPP模式健康发展，为公共基础设施建设提供有效的解决路径，为PPP模式系统制订专门的法律规范，建立联动管理机构是正确的举措。

PPP项目是否能够顺利进行，关键在于各参与方能否有效地预防风险并进行合理的风险分担。本书从多方面考虑并分析各参与方最优的风险分担方案，从理论上讨论适合我国目前PPP项目发展现状的风险分担框架。目前，PPP模式的发展适应我国经济发展国情，进一步推进PPP模式发展将有利于推动我国经济发展。

PPP项目的风险管理对项目成败具有不可忽视的影响，应清晰意识到风险分担与利益共享都是PPP模式的本质特征，两者是密切联系的，利益冲突同样会影响PPP的发展，甚至在前期即可能导致项目无法运营乃至终止。知易行难，PPP项目的参与者众多，各方价值取向不同，不可避免地会产生一定的冲突，因此需对冲突做出预见，在项目运营的前、中、后期都采取相应的积极措施以预防应对。

参考文献

中文著作和论文集

［1］约翰．罗尔斯．正义论［M］.何怀宏，何包钢，廖申白，译，北京：中国社会科学出版社，1988.

［2］敖双红．公共行政民营化法律问题研究［M］.北京：法律出版社，2007.

［3］丁保河．中国PPP立法研究［M］.北京：法律出版社，2016.

［4］李亢．PPP的法律规制：以基础设施特许经营为中心［M］.北京：法律出版社，2017.

［5］欧亚PPP联络网．欧亚基础设施建设公私合作（PPP）案例分析［M］.王守清，译，沈阳：辽宁科学技术出版社，2010.

［6］谭静，翟盼盼．国内PPP立法分析［M］.北京：中国财政经济出版社，2017.

［7］谭臻，吕汉阳．政府和社会资本合作PPP核心政策法规解读与合同体系解析［M］.北京：法律出版社，2018.

［8］王泽彩．政府和社会资本合作模式典型案例［M］.太原：山西经济出版社，2016.

［9］魏志强．PPP合同纠纷裁判规则及实务指引［M］.北京：法律出版社，2018.

［10］余辉，秦虹．公私合作制的中国实验［M］.上海：上海人民出版社，2005.

中文论文

［11］陈守科，韦灼彬．大型公共项目融资风险与控制研究［J］.中国工程科学，2007（12）：57–62.

［12］常雅楠，王松江．一带一路背景下基础设施PPP项目风险分担研究［J］．
科技进步与对策，2016，33（16）：102-105.

［13］陈昆．中央企业参与PPP项目准备阶段法律风险分析［J］．法制博览，
2018（8）：169-170.

［14］陈玲．公私部门合作中的风险分配失败：一个基于网络治理的分析框
架［J］．复旦公共行政评论，2011（1）：51-68.

［15］慈正开．论高速公路PPP项目社会资本投资人的法律风险防范［J］．公
路，2018，63（5）：219-221.

［16］杜娟．城市轨道交通PPP项目采购阶段法律风险防控研究［J］．水利水电
施工，2017（3）：131-136.

［17］杜明鸣．PPP项目资产证券化基础资产法律问题研究：以"华夏幸福
ABS"为例［J］．区域金融研究，2017（6）：48-53.

［18］葛毛娟．PPP模式发展公共事业的理论分析［J］．中国商论，2016
（30）：129-130.

［19］谷民崇．"PPP项目"主体合作与破裂的行为研究［J］．科技管理研究，
2017，37（2）：186-190.

［20］胡改蓉．PPP模式中公私利益的冲突与协调［J］．法学，2015（11）：
30-40.

［21］蒋修宝．PPP模式下的投资人联合体［J］．中国政府采购，2016（8）：
59-62.

［22］李虹，黄丹林．PPP项目风险管理研究综述［J］．建筑经济，2014，
35（6）：37-41.

［23］李瑾嫔．PPP模式下的法律风险研究［J］．中小企业管理与科技（中旬
刊），2017（2）：118-119.

［24］李娟芳，朱亚红．城市基础设施建设PPP模式应用研究［J］．四川建材，
2017，43（2）：219-220，222.

［25］李丽红，朱百峰，刘亚臣，等．PPP模式整体框架下风险分担机制研
究［J］．建筑经济，2014，35（9）：11-14.

［26］李林，刘志华，章昆昌．参与方地位非对称条件下PPP项目风险分配的博
弈模型［J］．系统工程理论与实践，2013，33（8）：1940-1948.

［27］李强，韩俊涛，王永成，等．基于层次分析法的铁路PPP项目风险评价［J］．铁道运输与经济，2017，39（10）：7-11，30.

［28］李妍，赵蕾．新型城镇化背景下的PPP项目风险评价体系的构建：以上海莘庄CCHP项目为例［J］．经济体制改革，2015（5）：17-23.

［29］李永强，苏振民．PPP项目的风险分担分析［J］．经济师，2005（9）：248-249.

［30］刘素坤，郭丽．污水处理PPP项目风险识别研究［J］．山东工商学院学报，2018，32（2）：38-44.

［31］刘薇．PPP模式理论阐释及其现实例证［J］．改革，2015（1）：78-89.

［32］刘晓．基于案例的公路PPP项目风险分析［J］．交通世界，2017（18）：10-13.

［33］刘新平，王守清．试论PPP项目的风险分配原则和框架［J］．建筑经济，2006（2）：59-63.

［34］刘振宇，李泽正．金融机构参与PPP项目的若干重点问题［J］．宏观经济管理，2016（10）：56-60.

［35］柳光强．建立健全PPP法律保障机制的探讨［J］．中国财政，2017（10）：43-44.

［36］罗志．PPP项目法律风险分析［J］．法制博览，2016（9）：252.

［37］马爱军．PPP项目法律问题及处理措施探讨［J］．管理观察，2018，38（10）：80-81.

［38］亓霞，柯永建，王守清．基于案例的中国PPP项目的主要风险因素分析［J］．中国软科学，2009（5）：107-113.

［39］仇晓光，杨硕．政府和社会资本合作（PPP）中风险转移的法律实现研究［J］．西南民族大学学报（人文社科版），2016，37（8）：87-94.

［40］曲延芬．经营性PPP项目中的市场风险与收益分配［J］．鲁东大学学报（哲学社会科学版），2017，34（5）：66-70.

［41］沈光．PPP项目中的政府违约风险分析与防范［J］．门窗，2016（4）：237-238.

［42］沈际勇，王守清，强茂山．中国BOT/PPP项目的政治风险和主权风险：案例分析［J］．华商·投资与融资，2005（1）：1-7.

［43］石贤平．PPP模式中政府交易角色与监管角色冲突的法律平衡［J］．商业研究，2015（12）：185-192.

［44］侍苏盼．商业银行参与PPP项目融资法律风险防控研究［J］．金融理论与实践，2016（6）：64-67.

［45］宋樊君，温来成．我国PPP法律制度建设的现状、问题及对策［J］．税收经济研究，2017，22（1）：87-95.

［46］孙南申．PPP模式投资风险的法律规制［J］．国际商务研究，2018，39（3）：12-24.

［47］田萌．浅谈建筑企业在PPP项目中法律风险及防范［J］．法制博览，2018（7）：123-124.

［48］王朝才，张学诞，程瑜．PPP的法律适用问题［J］．经济研究参考，2016（18）：11-12.

［49］王立国，张莹．PPP项目跟踪审计探讨［J］．审计研究，2016（6）：30-35.

［50］吴守荣，王程程，阎祥东．城市轨道交通PPP项目运营期风险评估研究［J］．都市快轨交通，2016，29（5）：36-40.

［51］夏宏武，柳光强．PPP模式风险分析及其防范研究［J］．财政监督，2017（4）：23-26.

［52］星焱．我国PPP项目资产证券化中的问题与对策［J］．证券市场导报，2017（5）：40-44，52.

［53］杨文宇．基础设施PPP项目的全生命周期动态风险管理探析［J］．项目管理技术，2010，8（6）：39-43.

［54］杨潇．PPP项目的法律风险及防范［J］．市场研究，2017（7）：57-59.

［55］杨振兴．高职院校新校区PPP项目法律分析［J］．河北北方学院学报（社会科学版），2017，33（3）：83-87.

［56］姚剑锋．刍议交通基础设施PPP项目法律风险审核要点［J］．楚天法治，2017（3）：205-206.

［57］叶晓甦，许婉熔，徐青．基于多目标的大型体育场馆PPP项目的融资性研究［J］.成都体育学院学报，2016，42（6）：12-16.

［58］叶晓甦，徐春梅．我国公共项目公私合作（PPP）模式研究述评［J］.软科学，2013，27（6）：6-9.

［59］喻文光．PPP规制中的立法问题研究：基于法政策学的视角［J］.当代法学，2016，30（2）：77-91.

［60］湛中乐，刘书燃．PPP协议中的法律问题辨析［J］.法学，2007（3）：61-70.

［61］张惠．"PPP+B"参与主体的博弈分析与商业银行的对策［J］.南方金融，2015（7）：13-21.

［62］张守文．PPP的公共性及其经济法解析［J］.法学，2015（11）：9-16.

［63］张水波，何伯森．工程项目合同双方风险分担问题的探讨［J］.天津大学学报（社会科学版），2003（3）：257-261.

［64］张霞．政府在PPP项目中应注意的法律风险及如何防范［J］.法制与社会，2017（3）：79-80.

［65］郑恒驰．我国政府与社会资本合作（PPP）项目合同的法律风险控制研究［J］.楚天法治，2017（6）：47-48.

［66］周和平，陈炳泉，许叶林．公私合营（PPP）基础设施项目风险再分担研究［J］.工程管理学报，2014，28（3）：89-93.

［67］周正祥，张秀芳，张平．新常态下PPP模式应用存在的问题及对策［J］.中国软科学，2015（9）：82-95.

［68］朱东阳．特色小镇PPP项目主要法律风险识别和防范：以社会资本方为视角［J］.改革与开放，2017（15）：70-71.

［69］朱佳佳，谈飞．建筑施工项目PPP风险分配研究［J］.项目管理技术，2014，12（6）：29-32.

学位论文和会议论文

［70］樊阳．论我国PPP模式法律制度构建［D］.济南：山东大学，2017.

［71］高琳．中国海绵城市PPP项目风险管理研究［D］．昆明：云南财经大学，2017.

［72］胡斯曼．文化产业PPP项目风险管理研究［D］．蚌埠：安徽财经大学，2017.

［73］黄庆．PPP模式的法律特征与法律规制［D］．重庆：西南大学，2017.

［74］蒋逸凡．我国PPP项目风险综合指数的测度［D］．保定：河北大学，2017.

［75］康真银．高速公路PPP项目的风险评价研究［D］．赣州：江西理工大学，2017.

［76］柯永建．中国PPP项目风险公平分担［D］．北京：清华大学，2010.

［77］李慧．公共产品供给过程中的市场机制［D］．天津：南开大学，2010.

［78］李琪．高铁走出去PPP项目风险分担与利益分配研究［D］．成都：西南交通大学，2017.

［79］刘涛．高速公路PPP项目公私双方风险管理研究［D］．昆明：昆明理工大学，2017.

［80］钱娟．PPP项目风险分担及收益分配研究［D］．合肥：安徽建筑大学，2017.

［81］乔高阳．PPP模式的法律规制［D］．哈尔滨：黑龙江大学，2018.

［82］潘璐．PPP项目收益权证券化的法律研究［D］．重庆：西南政法大学，2017.

［83］宋萍．博弈视角下养老PPP项目风险分担研究［D］．湘潭：湘潭大学，2017.

［84］孙少华．PPP项目地方政府侧风险管理研究［D］．北京：北京交通大学，2017.

［85］杨柳．PPP项目运营的风险管理研究［D］．广州：广东财经大学，2016.

［86］姚昕．国家开发银行PPP项目融资的信贷风险识别与防范［D］．兰州：兰州大学，2017.

中文报刊文章和电子文献

［87］程杰．PPP项目中的基本问题［法律关系篇］［EB/OL］．（2017-05-16）．https://mp.weixin.qq.com/s/MfqoxHfhrabhuN2MrPjKlQ.

［88］卓建投融资律师团．PPP项目合同面临的主要问题、需要遵循的原则与风险［EB/OL］．（2018-09-18）．http://m.sohu.com/a/129541193.

［89］一点资讯网．BOT项目融资：从中华发电项目看风险评估管理的重要性［EB/OL］．（2019-03-05）.http://www.yidianzixun.com/article/0K2suW8o.

［90］张璐晶．伦敦地铁：英国PPP典范的困扰［EB/OL］．（2019-03-20）．http://www.zgppp.cn/hyzx/hypx/7303.html.

［91］中国市县招商网．PPP典型案例：深圳大运中心项目［EB/OL］．（2018-12-23）．http://www.zgsxzs.com/a/20150901/706007.html.

［92］中国PPP服务平台．国外智慧城市案例分析：巴塞罗那［EB/OL］．（2018-12-30）．http://www.chinappp.cn/newscenter/newsdetail_1150.html.

［93］财政部政府和社会资本合作中心网．PPP要闻［EB/OL］．（2019-02-15）．http://www.cpppc.org/zh/pppyw/7740.jhtml.

外文著作和论文集

［94］AKINTOLA AKINTOYE，MATTIAS BECK. Policy，Finance & Management for Public-Private Partnerships［M］. New Jersey：Blackwell，2009.

［95］CRUZ OLIVEIRA C，MARQUES CUNHA R. Infrastructure Public-Private Partnerships［M］. New York：Springer，2013.

［96］HALL D，ROBINDELA M，DAVIS. Terminology of Public-Private Partnerships［C］//Public Services International Research Unit（PSIRU）Paper，2003.

［97］LESSARD D，MILLER R. Understanding and managing risks in large engineering projects［D］. MIT Sloan School of Management，Sloan Working Paper 4214-01，2001.

外文论文

［98］BING L，AKINTOYE A，EDWARDS P J，et al. The Allocation of Risk in PPP/PFI Construction Projects in the UK ［ J ］. International Journal of Project Management，2005，23（1）：25-35.

［99］HUANG H. Analysis of PPP Model in Field of Municipal Infrastructure Prospect ［ J ］. Building Technology Development，2016（10）：15-17.

［100］MENG J L，FAN Q. The PPP model for the application of new type of urbanization in China ［ J ］. Northern Economy & Trade，2015.

［101］RUTGERS J A，HALEY H D. Project risks and risk allocation ［ J ］. Cost Engineering，1996（9）：27-30.

附录 本书引用文件

1. 《中华人民共和国招标投标法》（2017修正）

2. 《中华人民共和国政府采购法》（2014修正）

3. 《基础设施和公用事业特许经营管理办法》

4. 《政府和社会资本合作模式操作指南（试行）》（财金〔2014〕113号）

5. 《国家发展改革委关于开展政府和社会资本合作的指导意见》（发改投资〔2014〕2724号）

6. 《国务院关于创新重点领域投融资机制鼓励社会投资的指导意见》（国发〔2014〕60号）

7. 《政府和社会资本合作项目通用合同指南（2014年版）》

8. 《财政部关于印发〈政府和社会资本合作项目财政承受能力论证指引〉的通知》（财金〔2015〕21号）

9. 《关于在公共服务领域推广政府与社会资本合作模式指导意见》（国办发〔2015〕42号）

10. 《收费公路管理条例》